JN438948

남자대학생을 위한 JLPT N4,N5 단어 초스피드 외우기 비법

수학연구사

목 차

Ⅰ. 서론

1. 머리말

한번만 보고 외국어 단어를 외울 수 있다면 얼마나 좋을까? 이것은 우리 공부하는 사람들이 늘 가지는 소원이다. 그러나 외국어는 그렇게 되지 않는다. 단 그 중에서도 베스트 시도를 해서 성공한 것이 필자가 소개하는 방법이다. 그리고 필자가 소개하는 단어 외우는 방법이 가장 효율적이고, 빠르고 오래간다는 것이 이제 입소문을 많이 타고 있다.

사실 이런 시도가 없었던 것은 아니다, 그러나 그런 유사 시도들이 실패한 이유는 통일 주제가 없었기 때문이다. 그래서 처음에는 만들 때나 들을 때는 아는데 돌아서면 까먹는다. 그게 중요하다.

그래서 일단 1차로 담았다. 다음 기회에 2차로 더 어려운 단어들을 좀 더 상급의 급수에서 다룰 예정이다. 좌우지간 필자의 방법을 따라하면 단어가 잘 외워진다. 같이 다 외워보자.

외국어는 평생 필생 헷갈린다. 그건 외국어이기 때문이다. 그게 숙명이다.

참고로 말하자면 필자의 이 단어 외우기 방법에 관한 책은 특허 출원 중에 있다.

2. 이 책이 필요한 사람들

어학은 급하게 실력이 오르지 않는다. 그러나 그것도 우리 비피에게는 하나의 또 다른 극복한 명제이다. 다음과 같은 사람들이 이 책에서 도움을 받게 하려고 한다.

1) 급하게 일본어 시험 성적이 필요한 사람들

특히 JLPT 시험에서 말이다.

2) 급하게 이민이나 유학을 가게 된 사람들

급하게 대학이나 고교 그리고 대학원 이상의 유학을 가게 된 분들에게 이 책의 빠른 단어 학습을 권한다.

3. 이 책의 제시

이 책은 족보형 스타일의 책이다

아주 정식의 책 스타일이라기보다는 선배가 공부하고 건네주는 비밀 노트의 형식으로 되어 있다. 다소 형식이 어눌한 부분은 그런 점 때문이니 이해해 주기 바란다.

한글의 순서대로 집필했다

단어는 한글로 외우는 게 가장 빠르다. 이는 수많은 학습자들이 증명한다. 이를 통해 소리에 집중하고 더 단어에 잘 외우게 된다. 그래서 가나다 순서가 중요하다. 이것은 언제라도 출격의 준비가 되어 있기 때문이다. 실제회화에서는 그게 명사인지 동사인지 등의 카테고리 분류를 할 시간이 없다. 회화는 완전 실시간이기 때문이다. 그러니 일본어의 순서가 아니라 한글의 순서로 진행됨에 당황하지 말지어다.

비법 스토리를 가지고 외워라

여기서 제시한 문장공식을 가지고 외워라. 외운다기보다는 자연스럽게 다독해라. 그러다 보면 자연히 일본어 단어와 한글 뜻이 매치되어 감을 느끼게 된다.

단어의 상세 해설은 뺐다

이 책은 사전이 아니다. 단어장도 아니다. 단어를 속성으로 빨리 외우게 하는 책이다. 그러기에 너무 그 단어에 대한 상세한 해설은 뺐다. 그것은 나중에 본인들이 참고로 적기 바란다.

해설의 충실도

해설의 충실도에 대해서는 다소 무시한다. 하나의 단어에는 무척 많은 소개가 필요할 것이다. 양해를 구하는 부분이다.

한자 훈독의 단어는 그다지 포함이 많이 안 되었다

한자 훈독의 단어는 그다지 포함이 많이 안 되었다. 한자가 어려워보여도 그것은 반복의 힘으로 많이 해결되기 때문이다. 우리는 그것들보다도 더 어렵고 손이 가고 정말로 잘 안 외워지는 단어들에 중점을 두어서 제작을 했다.

어원에 대해서도 가능한 한 충실히 소개

의외로 일본어 실력자들에게서도 일본어 단어의 어원을 잘 모르는 경우가 있음을 보고 놀란 적이 한두 번이 아니다. 어원을 알면 외우지 않아도 단어공부가 된다.

반드시 외워야 하는데, 암기공식이 아직은 없는 단어들도 상당히 수록되어

있다. 그것은 앞으로의 노력이 해결 답을 줄 수 있는 부분들이다

좀 쉽거나 의미가 중요치 않은 단어는 한글 소리만 제시한 것도 있다. 한글로 공부함에 대한 강조이다. 그리하기에 그 소리에 집중하라.

4. 이 책의 이용법

여기에 없는 단어는 본인이 스토리를 만들어서 외워라

중간 예문 등을 자기식대로 고침도 가능하다. 그래서 자신의 주변 인물들에 대해서 이야기를 놓음이 가능하다. 자주 보는 사물을 넣는 것도 가능하다. 주말을 이용해서 집중해서 하라.

작문을 많이 해봐라

억지로는 말고 하고 싶어지면 말이다. 작문이 가능하면 그것은 어느 정도 수준에 오른 것으로 봐야 한다. 작문이 하고 싶어진다. 머리에 파일이 많이 쌓이면 자꾸 작문을 하고 싶어진다.

한꺼번에 너무 많은 뜻을 외우지 마라

하나의 단어는 다소 유사한 여러 가지 뜻을 가지고 있다. 그것을 다 외우려고 하지 말라. 그것이 머리를 아프게 한다. 일단 가장 중요한 뜻 하나가 장착되게 해라. 나머지는 따라서 오게 하라.

테스트를 하듯이 단어장을 봐야 한다

연달아 나와야 한다. 그게 단어 실력이 된다. 그래서 계속 보되 그냥 기계적으로 보는 것만으로는 좀 곤란하고 답을 가리고 시험을 보듯이 봐야 한다.

5. 이 책의 암기 이론

믿음이 필요하다

이러느니 그냥 외우죠 하는 사람은 정말로 어학의 피눈물을 모르는 사람이다. 절대로 그 수많은 단어들이 쉽게 머릿속에 장착되지 않는다. 어학의 실력자들도 단어 간의 구별이 쉽지 않은 게 외국어의 특색이다. 필자가 하라는 대로 해보라. 가장 빨리 어학이 는다.

일단 뜻은 하나만 외운다

상황에 따라서는 하나의 단어가 아주 다른 여러 가지 뜻을 가지는 경우들도 있지만 그래도 하나의 단어의 뜻이 빨리 머리에 정착되는 게 중요하다, 그래서 일단 하나를 제대로 빨리 머리엔 넣도록 한다.

결국 효율적 반복이다

주변에서 사람들이 '그게 일본말로 뭐야?' '그 일본어 단어의 뜻이 뭐야?' 이렇게 물어볼 때에 답을 해줄 수 있게 하는 게 바로 외국어 단어학습이다. 그런 식으로 접근해 본다. 즉 그런 식의 질문에 대한 답을 해주는 과정은 수십 번을 그냥 눈으로만 보는 것보다는 훨씬 더 쉽게 암기가 장착되게 해준다.

언어는 내가 써먹어야 내가 강해진다

직접 해봐야 한다. 모든 과목이 다 그렇지만 자신이 직접 해볼 수 있는 시스템으로 공식이나 제시가 되어 있다.

어떤 모습이라도 외우기는 외워야 한다

어떤 모습이라도 외우고 어떤 모습이라도 한발자국 전진해야 한다. 그게 공부다.

목표는 공식이 아니라 뜻을 외우는 것이다

공식은 수단일 뿐이다. 처음에는 여기에 제시한 공식들이 다소 유치하다 내지는 다른 곳에서도 봤다고 하기도 할 것이다. 그러나 시간이 흐르면서 이 엄청난 효용을 알게 된다.

발음상의 미세 문제는 이해 바란다

가와 까의 차이처럼 아주 세밀한 문법으로 가면 구별을 해야 하지만, 이 책에서는 빨리 뜻을 안착시키는 것이 중요하기에 발음상의 미세한 문제는 무시하고 제시한 부분도 있으니 그런 부분은 너그러이 이해를 바란다.

6. 활용 Q&A

1) 박사님이 제시를 하신 것은 예문인가요?

Q. 박사님이 제시를 하신 것은 예문인가요? 아니면 무엇인지요?
A. 제가 제시한 것은 예문이 아니라 해당 단어를 딱 보거나 들었을 때 바로 한국어 뜻이 나오게 하는 공식이나 이어짐 말들입니다. 그래서 정확히는 예문이 아니라 가상문 내지는 공식(문)입니다.

2) 한자의 음독과 훈독의 공부

Q. 한자는 훈독, 음독을 다 어떻게 공부해야 할까요?
A. 음독과 훈동을 처음부터 달달달 외우는 식으로는 절대로 단어 정복이 힘듭니다. 쓰다보면서 즉 그 단어들이 익숙해지면서 자신의 것이 되어가는 것입니다.

Ⅱ. 단어 정리

가 Part

가가꾸	価格かかく 가격
가가메루	かがめる[屈める][하1단 타동사] 구부리다; 굽히다.(↔반의어伸ばす)[문어형][하2단]かが-む
가가시	허수아비
가가야꾸	かがやく[輝く·耀く]빛나다 반짝이다[비법-가가멜-야꾸- 스머프들을보고선 먹이감을 보는 야꾸자처럼 반짝인다고 봐야해]
가가에	かかえ[抱え] 아름 [일반-가가에루에서 왔다]
가가에루	かかえる[抱える]1.(껴)안다[일반-가가에가 아름이다] [비법-에루-후루시초프가가린을 껴안고 애로를 위로하며 껴 안아주어야 해]
가게	그늘 陰 [일반-고가께는 나무그늘 こかげ [木陰·木蔭]을 의미한다. 원래는 '기'인데 고로 변한 경우이다][비법-바벨이세: 지오가게로 라고 노래에 나온다 그 내용은 땅을 달려라 그늘에서 땅을 달리게 그의 부하 로뎀에게 그늘에서 뛰어나가게 하는 것이다]
가게끼	과격
가게라	かけら[欠片] [欠けら][명사] (부서진) 조각; 단편(斷片).부서진 조각; 파편.[일반-欠는 가게루로써 부수다는 의미가 되어서 명사형이 되어서 가게라는 파편이다]
가게루	かげる[陰る·翳る] 그늘지다; 흐려지다; (해가) 가리다 [비법-이는 가게에서 같이 외운다-바벨2세]
가겐	가감
가겐	과언
가겐	하한

가고시마	鹿児島かごしま
가고우	かこう[囲う] 둘러싸다
가기네	울타리 [비법-아까기-항공모함에 빠지지 않게 울타리를 둬야해] 암기비법: 원래 아까기 항공모함은 붉은 나무라는 의미가 되지만 말이다
가구레루	かくれる[隠れる] 숨다
가기루	한하다 제한하다
가까리	かかり[係(り)][명사] 1.[係]담당; 계(係); 계원.(→-がかり(係)) 2.관계; 관련 3.[문법]걸림; 또, '係り助詞'의 준말 (→かかる(掛))↔結
가까리	かかり[掛(か)り] [명사] 1.비용; 씀씀이 2.공격; (바둑에서, 귀에) 걸침 3.초(初); 초입
가꼬	학교
가꼬	과거 (가꼬니와 과거에는)
가꼬무	かこむ[囲む]둘러싸다
가꾸	かく[掻く] 긁다; 할퀴다[비법-동서가구 광고송 동서가구 긁어서 가구여야해] 암기해설: 동서가구는 정교한 도구틀로 긁어서 형성하는 가구이다
가꾸가꾸	がくがく자꾸 떨리는 모양 : 바들바들; 부들부들; 오들오들
가꾸가꾸	がくがく[諤諤]1.악악; 거리낌 없이 바른 말을 논술하는 모양. 2.시끄럽게 지껄여대는 모양
가꾸가꾸	かくかく[斯く斯く][부사] 이렇게 이렇게; 이러이러; 여차여차(=동의어かようかよう·しかじか)
가꾸닌	確認 확인
가꾸도꾸	かくとく[獲得] 획득
가꾸메이	혁명
가꾸모	かくも[斯くも] 이렇게까지 [비법-가구예술 리바트-

예술적으로 이렇게까지 해야해]

가꾸부쭈	과장된 것
가꾸사	格差かくさ; 격차
가꾸산	かくさん[拡散]
가꾸세사이	각성제
가꾸신한	확신범
가꾸이	학위 學位
가꾸이	各位 각 사람
가꾸호	かくほ[確保][명사][ス타동사] 확보
가꾸호	かくほう[確報][명사] 확보; 확실한 보도[소식]
가꾸호	かくほう[各方]각 방면
가끼루	한하다 限
가나리	제법 어지간히 꽤 かなり[可成·可也] [일반-한자로 분석이 된다]
가나리	아름답다
가나리	가능하다 해도 좋다
가나우	かなう[敵う]필적하다, 대적하다 [비법-가나초코렛: 간초와 대적해야해]
가나이나이	かなわない[敵わない] 대적할 수가 없다 [일반-가나우는 대적하다]
가네	かね[鐘]종 [비법-크리스가넷:나의 등장에 종이 울려야해] 암기해설: 이런 명선수의 등장에 마치가 울려야함을 말한다
가네가시	かねかし[金貸(し)][명사][ス자동사] 돈놀이(꾼); 대금업(자)
가노세이	가능성
가다	方
가다	型 体

가다	片
가다이	かだい[課題][명사] 과제; 제목(題目); 문제; 또, 주어진 문제; 임무
가다이	かだい[過大][명ノナ] 과대 (↔반의어過小)
가다이	かだい[架台] 발판
가다찌	かたち[形] 몸 형태
가데이	가정
가도(니)	과도(하게)
가라이	맵다
가레시	かれし[彼氏] 그는
가로야까	かろやか[軽やか]가벼운 모양 [일반-가로이는 가루이(가벼운)의 문어형태, 야까는 모양새]
가루	かる [狩る·猟る]사냥하다. [비법-가루지기: 여자를 사냥하듯 봐야해] 암기해설: 정력이 좋은 것으로 소문만 가루지기이다.
가루이	가볍다 輕 [비법-갸루상-갸루상 얼굴에 바른 가루처럼 가벼워야해]
가리	사냥 狩かり[비법-가루狩에서 암기한다]
가리루	빌리다 借かりる [비법-화투칠 때 사람들이 가리한다고 해서 패를 처음에 빌리는 것을 의미한다]
가리리또	かりりと[부사] 단단한 물건을 깨물 때 나는 소리: 오도독
가리모노	かりもの[借(り)物] 빌려 쓰는 물건
가릿또	가리리또
가마와즈	構かまわず 거리낌 없이 막무가내로 [일반-가마는 구성이나 무엇을 생각하는 것, 그런데 거기에 わず가 붙으면 부정적 의미가 된다]
가만	がまん[我慢] 1.참음; 자제(自制) 2.용서함; (너그럽

게) 봐줌[일반-내 자신이 여유로움을 가질 수 없다는 의미]

가모 かも[鴨] 오리

가무 かむ[噛む·咬む·嚼む]1.(깨)물다; 악물다 2.씹다

가메이 かめい[加盟]가맹

가메이 かめい[下命]하명

가메이 가명

가멘 がめん[画面]화면

가멘 かめん[仮面][명사] 가면 (=동의어マスク)

가멘 かめん[下面][명사] 하면; 아래쪽 면 (↔반의어上面)

가무 かむ [噛む·咬む·嚼む]물다[비법-까뮤-소재를 까무처럼 물어서 포착해서 이방인도 우리사람처럼 친근하게 써야 해]

가미 かみ[紙] 종이

가미 かみ[髪] 머리(털)

가미 かみ[神] 신

가미 かみ[上] 1.위(↔반의어下) 2.위쪽

가미사마 かみさま[神様] 신(神)의 높임말[일반-가미사마라고 하면 다음의 단어 즉 かみさま[上様]도 해당한다. 이는 본래 귀인의 아내, 무사의 아내의 경칭을 의미한다. 그래서 가미라는 말의 의미는 상上 즉 위의 의미를 가지면서 하늘 또는 신의 의미도 가지고 있다]

가바우 かばう [庇う]감싸다; 비호하다(감쌀 비) [비법-거버-거버유아식은 유리병이 유아식을 부드럽게 감싸고 있어야해]

가베 かべ[壁]

가부리또 がぶりと 덥석 [비법-가부장적사회-부리또-가

부장적사회에서는 아버지가 부리또를 확 덥썩 잡아야해]

가비	かび[黴] [명사] [식물]곰팡이
가비	かび[華美] [명사][ダナ] 화미; 화려
가비루	かびる[黴びる] 곰팡이가 피다[비법-아까비(테니스 클럽마다 있는 꾀돌이)-자신의 절절함이 피어나야해]
가사네루	かさねる[重ねる]쌓다 중첩하다 포개다 [비법-카사미아+시네루지스트(협력기관)-카사미아랑 협력 기고나이 이불 엄청 쌓아야해]
가사이	火災かさい; 화재
가슈	가수
가스	かす[滓]1.앙금 2.찌꺼기; 찌끼[비법-가스나-어리니까 앙금이 많이 남는다고 봐야해] 암기해설: 사춘기 가스나에 대한 것이다
가스가니	かすかに 희미하게 [비법-가수왕조용필+오가니컨츄리꼬꼬-오가니를 가수왕조욜필과 컨츄리꼬꼬가 불러야해]
가스레루	긁히다 擦 [비법-가스에서 유래한다-가스나]
가스미가세끼	かすみがせき[霞が関]
가시	하자 瑕疵かし;
가에루	개구리 ガエル(蛙) [비법-가애란아나운서-개구리처럼 얼굴이 다소 넓다] 암기해설: 얼굴은 아주 이쁘고 온화한 인상이나 입이 크다보니 그렇다
가오리	かおり[薫り·香り] 향기 좋은 냄새
가와	천 川
가와	皮
가와	側

가와가스 かわかす[乾かす] 마르다

가와라 かわら[瓦][명사]1.기와 2.무가치한 것의 비유 (=동의어がらくた)[비법-가와바다야스나리-설국에서의 첫장면은 기와로 시작해야해]

가와라 かわら[川原·河原·磧][명사] 강가의 모래 [자갈]밭; 바닥이 드러난 강변

가와루 가와루는 변하다, 가에루는 바꾸다

가와스 かわす[交(わ)す] 변하다

가와시이 형용사를 만드는 어미

가와이소 かわいそう[可哀相] 불쌍하다

가우 기르다 かう [飼う][비법-햄버거형 나 가오 좀 살려주라-나좀 키워줘야해]

가이 하위

가이게쯔 かいげつ[海月] 해월; 바다 위에 뜬 달

가이게쯔 かいけつ[解決][명사][ス자·타동사] 해결

가이게쯔사쯔 해결책

가이기 かいぎ[会議] [명사] 회의

가이기 かいぎ[懐疑] 회의

가이넨 개념

가이긴 がいきん[外勤] 외근

가이닌 かいにん[解任]해임

가이다이 かいたい[解体]해체

가이단 계단

가이단 회담

가아단 괴담

가이데이 かいてい[改定][명사][ス타동사] 개정

가이데이 かいてい[改訂][명사][ス타동사] 개정

가이데이 かいてい[海底][명사] 해저; 바다 밑

가이라이	がいらい[外来]외래
가이로	かいろ[海路]해로
가이로	회로
가이뢰	가로 (가로등 할 때의 가로)
가이마구센	개막전
가이사이	開催かいさい 개최
가이사쯔구찌	개찰구
가이산	かいさん[解散] 해산
가이세끼	かいせき[解析] 해석 (중국어는 하이스)
가이세끼	회석
가이세이	개정
가이세이	개성
가이세쯔	해설
가이센	개선
가이소꾸	해적
가이쇼	かいしょ[会所] 회소; 집회소
가이쇼	かいしょう[解消]해소
가이슈	회수
가이슈	개수 고침
가이슈꾸	해석
가이시쯔	かいしつ[改質] 개질
가이신	회심, 마음에 듦
가이신	개신, 경신
가이신	회신
가이신	회진
가이신	(경)계심
가이죠	해제
가이죠	시중 듦

가이후꾸	回復かいふく; 회복
가자루	かざる[飾る]장식하다[일반-가자리가시かざりがし[飾り菓子]는 '관혼상제 등에 쓰는 의식(儀式)용 과자]
가자리	かざり[飾り]장식[일반-가자리가시かざりがし[飾り菓子]는 '관혼상제 등에 쓰는 의식(儀式)용 과자]
가조에루	수를 세다 셈[계산]하다 かぞえる[数える·算える] [비법-카시오-수를 세는 계산기는 카시오여야 해]
가죠우	ガチョウ(鵝鳥).거위[비법-가죠와 코우토리(불교의새설화)-가죠는 현명한 거위여야해]
가즈	かず[数]수
가즈도우	활동
가즈야꾸	活躍かつやく 활약
가지	かじ[火事] 불 화재
가지	かじ[家事]
가지루	かじる[齧る]갉(아먹)다; 베어 먹다[비법-깔까지(인도전통시장)-가격을 그리고 건강을 갉아먹는 시장이라고 봐야해]
가쯔구	짊어지다 [비법-이번생은 가주가 되겠습니다-짊어지고 가야해]
가찌	かち[価値] [명사] 가치; 값(= 동의어 ねうち)
가찌	かち[勝ち] [명사] 이김; 승리(↔ 반의어 負け)
가찌리또	かちりと 철컥 단단한 것이 부딪치는 소리[비법-가지 많은 나무에 바람 잘 날 없어도 쿨시스터스-가지들끼리 철컥하고 붙어야해]
가훈	かふん[花粉]꽃가루
간	ガン(雁); 기러기 [비법-간(고대왕의명칭)-간의 상징이 기러기라 봐야해]
간게이	かんげい[歓迎]환영

간게이	がんけい[眼形][명사] 안형; 바둑에서 사는 형태를 갖춘 돌의 모양
간게이	かんけい 관계
간겐	還元かんげん 환원
간고	かんご[歡語] 환담
간쿄	環境 환경[종이]
간꼬	かんこう[觀光][명사][スㅏ동사] 관광
간꼬(간고	がんこ[頑固]
간꼬(간고	かんこう[慣行]
간꼬시	간호사
간긴	감금
간넨	관념
간넨	원년
간또	관동
간도꾸	かんとく[監督] 감독
간반	간판
간샤	감사 感謝 {미안 사과 감사 칭찬}
간세이	완성 かんせい[完成]
간세이	かんせい[感性][명사] 감성 (↔반의어理性·悟性)
간세이	かんせい[歡声][명사] 환성; 환호성
간세이	かんせい[管制][명사][ス타동사] 관제
간세쯔	간접 かんせつ[間接]
간세쯔	かんせつ[関節] 관절
간소	乾燥かんそう 건조
간소	감상
간세이	かんせい[完成] [명사][ス자·타동사] 완성(↔반의어未完) 간세이 かんせい[感性] [명사] 감성(↔반의어理性·悟性)

간세이 かんせい[歓声] [명사] 환성; 환호성

간센 完全かんぜん 완전

간엔 肝炎かんえん 간염

간지 感じかんじ (멋, 맵시): '느낌'을 뜻함

간지 한자

간지루 かんじる[感じる] 느끼다

갓가리 がっかり 실망하는 모양 [비법-갈갈이(갓가리) 가 프로그램이 없어져서 실망했다고 봐야해]

갓고 かっこ[各個] [명사] 각개; 각각; 제각기(=동의어 めいめい·それぞれ)

갓고 かっこ[確固·確乎] [トタル] 확고

갓고 格好かっこう 모습

갓쇼 合唱(합창)

갸꾸다이 虐待ぎゃくたい. 학대

갸꾸세쯔 ぎゃくせつ [逆説]역설

갼세루 キャンセル(cancel) 캔슬, 취소

갸고우까 ぎゃっこうか [逆効果]

게 털 [명사]1.毛け 2.(피부의) 털[비법-게털]

게게쯔 8월의 다른 말

게기론 激論げきろん 격론

게기헨 격변 激變

게다쯔 げだつ[解脱]해탈

게루 ける[蹴る]차다 [비법-게루왕-축국을 찼다고 봐야해]

게멘 げめん[外面]외면

게쇼 けしょう[化粧] 화장; 겉을 아름답게 꾸밈; 단장

게쇼 けいしょう[軽捷]1.경첩 2.몸이 날렵하고 민첩함 3.손쉽게 빨리함

게시까라누	けしからぬ [怪しからぬ] 무엄하다
게시끼	경치, 풍경
게시끼	형식[종이]
게신	けしん[化身] 화신
게와시이	けわしい[険しい] [형용사]험하다; 험상궂다; 험악하다 [비법-개와늑대의시간 피디-험상궂은 캐릭터들이 많이 열연했다고 봐야해]
게요	경량
게이가꾸데끼	計画的けいかくてき 계획적
게이겐	けいげん[軽減][명사][スㅌ·자동사] 경감
게이겐	けいけん[経験][명사][ス타동사] 경험
게이겐	けいけん[敬虔][ダナ] 경건
게이노	예능 芸能げいのう
게이따이	휴대
게이슈쯔가	芸術家 예술가
게이시쵸	경시청
게이쥬쯔	芸術げいじゅつ; 예술
게이즈	けいず[系図] 계통도
게지반	게시판
게쯔에기	피 혈액
겐게이	減軽げんけい 감경
겐가꾸	けんがく[見学][명사][ス타동사] 견학
겐가꾸	げんがく[弦楽·絃楽][명사] 현악
겐가이	한계
겐가이	견해 [종이]
겐고	けんこう[健康][명사][ダナ] 1.건강 2.몸에 탈이 없이 튼튼함 3.건전
겐고	げんこう[原稿] [명사] 원고(=동의어草稿)

겐고	げんこう[現行]
겐고	げんご[言語][명사] 언어; 말(=동의어ことば)
겐고	けんご[堅固] 견고
겐고	げんご[原語][명사] 원어(↔반의어訳語)
겐고	げんごう[元号][명사] 원호; 연호(年號)(=동의어年号)
겐기	けんぎ[嫌疑][명사] 혐의(=동의어容疑)
겐기	けんぎ[建議][명사][スタ동사] 건의
겐데이	限定げんてい 한정
겐또	けんとう[見当] 목표 (=동의어めあて)
겐또	けんとう[検討] 검토
겐민	けんみん[県民] 현민
겐바	げんば[現場]현장
겐뽀	헌법
겐사꾸	검색
겐사꾸	げんさく[原作][명사] 원작
겐사꾸	けんさく[建策]계책을 세움
겐센	げんせん[厳選][명사][スタ동사] 엄선
겐소꾸	げんそく[原則][명사] 원칙
겐소꾸	げんそく[減速] 감속
겐쇼	현상
겐쇼	감소
겐수	건수
겐슈	연수
겐시	원시
겐시	검시
겐인	原因げんいん원인
겐자이	현재 現在
겐죠	현상

겐쥬 げんじゅう[厳重][ダナ] 엄중
겐지꾸 建築けんちく
겐지쯔 げんじつ[現実] [명사] 현실
겟가 결과
겟곤 결혼
겟도 けっとう[血糖]혈당
겟쇼 けっしょう[結晶] [명사][ス자동사] 결정
겟쇼 けっしょう[決勝][명사] 결승
겟시떼 결코
겟데이 결정 決定
겟지꾸 접착
고가꾸 공학
고가꾸 어학[종이]
고가꾸 후학
고고에루 こごえる[凍える]얼어붙다[비법-고고팔십조승우-조승우의 어머니노래로 분위기 얼어붙었다고 봐야해]
고규 こきゅう[呼吸] [명사][ス자·타동사] 호흡
고규 こうきゅう[高級]
고겐 貢献こうけん 공헌
고기 강의
고기 항의 抗議
고기부리 ゴキブリ 고키부리 바퀴벌레 [비법-고르키-고르키의 작품 바퀴벌레를 봐야해]
고긴 抗菌こうきん 항균
고까네무시 こがねむし [黄金虫·金虫][곤충]풍뎅이[일반-말 그대로 황금충이다. 빛깔이 그래서 그렇다]
고까라 こがら[小がら·小柄] 몸집이 작음
고까이 こうがい[郊外][명사] 교외

고까이	こうがい[公害] [명사] 공해
고까이모노	소소한 것들 [小買い物]
고꼬로	こころ
고꾸나이	국내의
고꾸나이	ごくない[極内]
고꾸단	극단
고꾸세끼	국적
고꾸지	こくじ[告示] 고시
고꾸효	酷評こくひょう 혹평
고꾸후구	극복
고뀨	こきゅう[呼吸][명사][ス자·타동사] 호흡
고뀨	こうきゅう[高級][명ノナ]고급(↔반의어低級·初級·中級)
고뀨	こうきゅう[後宮] 후궁
고나고나	こなごな[こなごな·粉粉] 산산이 [비법-고나이프-좋은 고나이프로 산산이 부셔야해]
고노	こうのう [効能·功能] 효능
고노하	このは[木の葉]나뭇잎[일반암기-원래 나무는 주로 '기'로 소리가 나지만 여기서는 음감 때문에 고로 바꾼 것임]
고다와루	엄선하다 こだわる[拘る·拘泥る]
고다와리	こだわり[拘り·拘泥り] 마음이 쓰임, 구애됨
고다이	고대
고다이	광대
고다이	과대
고다이시	황태자
고다쯔	ごうだつ[強奪] 강탈
고다쯔	こうだつ[劫奪] 겁탈
고다쯔	こたつ[火燵·炬燵] 고다쯔

고덴　こてん [古典] 고전

고덴　와전 誤傳

고도　행동 行動

고도와루　끊다 断

고따이　こうたい[交替·交代] [명사][スル동사] 교체; 교대

고따이　こたい[固体] [명사] 고체 (↔반의어気体·液体)

고따이　こたい[個体] [명사] 개체

고따이　こうたい[後退] [명사][スル동사] 후퇴 [종이]

고딴　ごうたん[豪胆·剛胆] [명사][ダナ] 호담; 대담(↔반의어臆病)

고로가스　구르다転 [비법-고로-고철들이 굴러서 고로로 갔다고 봐야해]

고리루　こりる[懲りる] 넌더리나다[비법-고리업자-넌더리가 난다고 봐야해]

고마까이　こまかい[細かい]잘다[비법-코마-코마시신이 여위어서 잘다고 봐야해]

고마루　こまる[困る] 5단 자동사. 곤란하다

고마샤루　커머셜 광고(커머셜)

고멘　ごめん[御免]1.면허·공인(公認)·특허의 높임말 2.면직의 높임말 3.용서·사면의 높임말; 전하여, 방문·사과를 할 때의 인사말 [일반-여기서의 고는 겸양어. 그래서 봐주세요가 되면 고멘나사이]

고멘　こうめん[後面][명사] 후면; 뒷면 (↔반의어前面)

고멘　こめん[湖面][명사] 호면; 호수(의 표)면

고모루　가득 차다こもる[籠(も)る·隠る·篭る]

고무리　こうもり[蝙蝠]박쥐

고무인　공무원

고미　ごみ[塵·芥·埃]쓰레기

고베쯔	개별
고사이	こうさい[交際][명사][スㅈ자동사] 교제(=동의어つきあい)
고사이	こうさい[公債]
고사이히	교제비
고세이	こうせい[構成] [명사][スㅌ타동사] 구성(물) (=동의어 組みたて)
고세이	こうせい[公正] [명사][ダナ] 공정
고세이	ごうせい[合成] [명사][スㅌ타동사] 합성
고세이	こせい[個性] [명사] 개성(↔ 반의어 一般性·普遍性)
고세이	こうせい[更生·甦生] [명사][スㅈ자동사] 갱생; 새로워짐; 소생
고세이	こうせい[厚生] [명사] 후생
고세이	고생(중고생)
고소꾸	こうそく[高速] 고속
고소꾸	こうそく[拘束] [명사][スㅌ타동사] 구속(↔반의어解放)
고소꾸	こうそく[校則] [명사] 교칙; 학교의 규칙 (=동의어 校規)
고소꾸	こうそく[梗塞] [명사][スㅈ자동사] 경색; 막혀서 통하지 않음
고쇼	고장
고쇼	교섭
고쇼	こしょう [胡椒]후추[비법-고소왕강용석-고소해서 후추라도 뿌려야해]
고쇼겐	교섭권
고슈	こうしゅう[公衆][명사] 공중
고슈	こうしゅう[講習][명사][スㅌ타동사] 강습
고슈	こうしゅ[攻守] [명사] 공수; 공격과 수비
고스루	ごする[伍する]어깨를 나란히 하다 [비법-골프코스-

어깨를 나란히 해야해]

고스루 こする[擦る]문지르다 [비법-고슬링-발을 문지르면서 라라댄스를 추어야해]

고시 こし[腰]허리

고시고시 ごしごし [부사] 물건을 비벼대는 소리[모양]: 싹싹; 북북 [비법-벤고시시험보려고싹싹 외우고 가야해]

고시끼 こうしき[公式] 공식

고신 こうしん[行進][명사][スル자동사] 행진

고신 こうしん[更新][명사][スル자·타동사] 경신

고신 こうしん[後進][명사] 후진

고에 こえ[声] 목소리

고에끼 こうえき[公益][명사] 공익(↔반의어私益)

고에끼 こうえき[交易][명사][スル자·타동사] 교역; 무역

고에루 초과하다[미스꼬시에서]

고오리 얼음 氷 [일반암기-고 오리 얼음으로 고고][비법-고흐-고흐의 얼음같이 찬 얼굴을 봐야해]

고와수 こわす[壊す·毀す] 부서지다, 부수다 [비법-괴와비-로 예약해서 부서지게 안마를 받아야해]

고와이 무섭다

고와이 딱딱하다, 고집이 세다

고요 こうよう[紅葉]단풍[종이]

고요 공용

고요 효용

고요지 천황사는 곳(내 생각)

고요지 こようじ[小ようじ·小楊枝] 이쑤시개

고우가꾸 합격 合格

고우까 豪華ごうか; 호화

고우까이 교활 狡猾

고우까이	後悔こうかい; 후회
고우끼	항의
고우끼	강의
고우끼	합의
고우끼	후기
고우끼	향기
고우리덴	小売こうり店てん 소매점
고우사	こうさ[交差·交叉] 교차
고우시따	こうした[斯うした] 이러한
고우자	講座こうざ 강좌
고유	こうゆう[交友]
고젠	상오
고젠	공연
고젠	[御前] 어전 귀인의 면전
고죠	공장
고죠	공제
고쥬	こうちゅう[口中] 입 속
고지	공사
고지까라	こぢから[小力] (무시 못 할) 다소의 힘
고진	고인
고진	개인
고쯔	뼈 (돈고츠)
고하세	小鉤こはぜ[鞐] 메뚜기 [비법-고아의 메뚜기 그림은 아주 정교하다고 봐아해]
고하이	후배
고하쯔	ぐうはつ[偶発]우발
고한	ごはん[御飯]'めし(=밥)·食事(=식사)'의 공손
고한	こうはん[公判][명사] 공판

고한　　こうはん[後半][명사] 후반(↔반의어前半)[종이]

고호우　　ごほう[語法]어법

고후꾸　　행복

곤가쯔　　こんかつ[婚活]

곤게츠　　こんげつ[今月]

곤까이　　こんかい[今回]

곤단　　간담

곤도　　こんど[今度][명사] 이번; 금번(=동의어この度)

곤도　　こんどう[混同][명사][スㅌ·자동사] 혼동

곤도　　こんどう[金堂] [불교] 금당

곤도　　こんどう[金銅][명사] 금동

곳기　　こっき[国旗] 국기

곳소리　　こっそり 몰래 [비법-고소영-몰래 아이들 영어유치원 등에 등록해야 해] 암기해설: 장동건과 사는 유명인의 설움

곳찌　　こっち[此方] 여기

교겐　　きょげん[虚言] 허언

교까이　　協会きょうかい; 협회

교넨　　작년 去년

교넨　　흉년

교데　　협정

교덴　　거점

교다이　　형제

교다이　　거대

교데끼　　強敵きょうてき 강적

교덴　　きょでん[虚伝] 허전

교덴　　거점

교도　　공동 共同

교레쯔	ぎょうれつ[行列] 행렬[일반암기-행의 여러 가지 음독 중 하나가 교 이고 열의 음독은 레쯔이다. 그래서 합성어이다]
교료꾸	협력 協力
교리	距離きょり; 거리
교사	ぎょうさ[業作] 업작, 작업
교세이	きょうせい [強制]강제
교소	협조
교쇼	경쟁
교엔	きょうえん [共演] [명사][スㅈ자동사] 공연
교엔	きょうえん[競演] [명사][スㅌ타동사] 경연
교우까	強化きょうか 강화
교우꼬하	강경파 強硬派きょうこうは
교우끼	흉기
교죠	きょうちょう强調 강조
교죠	협조
교죠세이	협조성 協調きょうちょう
교쥬	享受 향수
교후	공포 恐怖きょうふ
교후	ぎょふ [漁夫·漁父] 어부
교후간	きょうふかん 공포감
구꾜	くうきょ[空虛]
구다게루	くだける[砕ける] 부서지다; 깨지다 [비법-쿠다쿠다-마음이 무너지는 마음으로 불러야해]
구다루	くだる[下る·降る] 내려가다[비법-구다이글로벌조선 미녀가 주가가 좀 내려간다고 봐야해]
구다이데끼	具体ぐたい的てき 구체적
구라게	해파리 くらげ[水母·海月]

고까이모노	소소한 것들 [小買い物]
구라베루	비교하다
구라스	くらす[暮(ら)す 살다 [비법-구라스 빌딩에서 잘 살아야해]
구라이	くらい[位][명사] 1.지위; 계급 2.품격; 품위; 관록 3.정도
구라이	くらい[暗い] 어둡다 [일반-맛구라이 하면 캄캄하다의 의미이다 여기서의 맛은 眞]
구로	苦労くろう; 고생
구로지	흑자
구루구루	뱅뱅; 뱅글뱅글 [비법-구루의 말에 뱅글 뱅글 빠져들어간다고 봐야해]
구루미	호두 くるみ[胡桃] [명사][식물] 호두
구모	구름
구모	거미
구모리	くもり[曇(り)] 흐림(↔반의어雨·晴れ)
구미	くみ[組(み)]쌍 짝
구베루	くべる [焼べる]불태우다[비법-구베이가 불탔다고 봐야해] 암기해설: 그래서 완전히 새로운 시가지로 만들다: 중국 상해
구비스지	くびすじ[首筋·頸筋]목덜미
구스루	ぐする[具する·倶する]갖추어지다
구스리	くすり [薬]약, 도움
구야시이	悔くやしい; 분하다 [비법-구야(일본정토종승려)+시의달의(사마천의책)-구야가 시의달의를 읽고 분해야해] 암기해설: 일본정토종에 좋지 않은 내용을 포함
구와	괭이[명사] 鍬くわ [비법-이구와나-이구와나가 괭이처럼 생겼다고 봐야해]

구와시이 くわしい[詳しい·委しい·精しい·細しい] [형용사]상세하다; 소상하다 [비법-구와나사-얼굴 상태를 소상히 말해줘야 치료돼]

구우 くう [食う·喰う]물다 [비법-쿠우쿠우-음식을 한꺼번에 물고 가야해] 암기해설: 여러 번 가지 않기 위해서 이렇게 행동한다

구우간 공간

구우후꾸 空腹くうふく 공복

구이스끼 くいすぎ[食(い)過ぎ] 과식

구즈 くず [屑]찌꺼기

구즈구즈 ぐずぐず[愚図愚図] 흐물흐물

구즈레루 くずれる[崩れる]1.무너지다 2.허물어지다; 붕괴하다 [비법-구주일배(한석원)-구주일배가 메가스터디 수학에 무너졌다고 봐야해]

구지 추첨

구지루 くじる[抉る] 후비다

구쯔 구두

구찌비루 [명사]唇 입술[일반-구찌비루(맥주)는 입술에 묻는다]

구하쯔 우발

군군 ぐんぐん [부사] 힘차게 진행하거나 성장하는 모양 : 부쩍부쩍; 우쩍우쩍; 쭉쭉 (=동의어どんどん)

군군 くんくん [부사] 냄새를 맡는 모양 : 킁킁

굿스리 ぐっすり [부사] 깊이 잠든 모양 : 푹

규 급 級

규락 급락

규메이후꾸 구명복

규사이 救済きゅうさい 구제

규슈	흡수 吸収きゅうしゅう
규슈쯔	救出きゅうしゅつ
규요	きゅうよう[休養][명사][ス자동사] 휴양
규요	きゅうよう[急用][명사] 급용; 급한 볼일[용무]
규요	きゅうよ[給与][명사][ス타동사] 급여; 급료
규요	きゅうよ[窮余][명사] 궁여; 궁한 나머지
규죠	구조
규죠	궁녀
규지	窮地きゅうち;궁지
규하	きゅうは[旧派] 구파
규하	きゅうは[急派] [명사][ス타동사] 급파
기가꾸	근처
기고꾸	帰国きこく; 귀국
기고에루	きこえる[聞(こ)える] 들리다, 이해하다
기까꾸	きかく [企画·企劃] 기획
기까꾸	규격
기꼬	きこう[気候] [명사] 기후
기꼬	きこう[機構] [명사] 기구
기꼬	ぎこう[技巧]
기꾸	듣다
기꾸	효과가 있다
기끼	危機きき위기
기노	어제 昨日きのう
기노	기능
기노도꾸	きのどく[気の毒] 안쓰러움
기노세이	機能きのう性せい 기능성
기따나이	きたない[汚い·穢い]더럽다 [비법-기다림선-에 대기 해두는 차가 많아서 더럽다고 봐야해]

기따이 기대 期待

기라메꾸 きらめく[煌めく] 빛나다 {비추다 빛나다}[비법]

기레 きれ[切れ] 작은 조각, 천조각 [일반-기루가 짜르다이기에 짤라진 것의 명사이다]

기라우 싫어하다

기론 議論ぎろん; 의논

기루 きる [着る]

기마루 결정하다 きまる[決(ま)る·極る][비법-기마이(댓가없이 선심쓰기)-기마이해서 결정해야 해] 암기해설 : 돈내줄지 아닌지를 결정해야 한다

기맛다 적당하다 [일반-일본 티비 광고에 많이 나옴]

기메 기명

기보 きぼう[希望·冀望][명사][スㅏ타동사] 희망

기보 きぼ[規模] 규모

기비시이 きびしい[厳しい·酷しい]엄하다[비법-양귀비-왕에게는 부드러우면서도 신하들에게는 엄했다고 봐야해]

기사이 규제 (げんしりょくきせいいいんかい [原子力規制委員会] 원자력 규제 위원회)

기세끼 きせき[奇跡·奇蹟]기적

기세이 희생

기세쯔 계절

기쇼 気象きしょう; 기상

기쇼 희소

기시 물가 岸 [비법-기시다수상-수상인데도 주류적으로 하지 못했다고 봐야해]

기시베 きしべ[岸辺] 물가, 해안 [일반-원래 기시 자체가 물가의 의미를 가진다. 거기에 헤가 辺]

기야꾸 きやく[規約][명사] 규약

기에루	사라지다 [비법-기에(귀리)가 춘궁기에는 다 사라졌다고 봐야해]
기오꾸	기억
기요	기여
기요	오기(옴)
기조꾸	きぞく[貴族] 귀족
기즈꾸	きづく[気付く] 눈치 채다[일반-기에 붙이는 것이니 눈치일 것이다]
기즈꾸	きずく[築く][5단활용 타동사] 쌓(아 올리)다; 구축하다[가능형]きず-ける[하1단 자동사] [비법-기죽(죽마타기)으로 탑을 쌓아올려야 해]
기즈이	심하다
기지	기사
기지	본바탕
기코에루	きこえる[聞(こ)える]들리다 이해하다
긴게이	환영
긴까	きんか[金貨] [명사] 금화
긴까	ぎんか[銀貨] [명사] 은화
긴까이	きんかい [金塊] 금괴
긴쇼	近所きんじょ; 근처
긴엔	금연 禁煙
긴유	金融きんゆう;
긴유	きんゆ [禁輸] 금수
긴지	きんじ[近似]근사 유사
깃도	꼭[비법-오늘도 무사히 소녀상-오늘도 꼭 무사히 아빠가 돌아오셔야 해]

나 Part

나가레	흐름 ながれ[流れ] 흐름 [일반-나가수에서 나온 말]
나가메루	眺ながめる 바라보다 조망하다 [비법-나가수피디-가수들 노래를 바라봐야 해] 암기해설: 시청률이 오르기를 바라는 마음에서 바라보다
나가미	なかみ[中身]알맹이
나가수	흐르다, 흘리다
나가시	ながし[流し] 흘림
나게루	던지다 投 {주다 건네다 선사-받다 }[비법-나게디-명품만 골라서 하기에 준명품인 나게디는 던졌다고 봐야해]
나라베루	ならべる[並べる] 늘어놓다; 나란히 하다, 비교하다
나리루	たりる [足りる] 충분하다
나마게루	なまける[怠ける·懶ける]게으름피우다[비법-나마비루 마시면서 게르음 피운다고 봐야해]
나마이끼	なまいき[生意気] 건방짐
나마호소쥬	생방송 중
나미다	눈물{저스맨인럽}
냐야무	고민하다 なやむ [悩む]
나에	なえ[苗]모 [비법-나애리 모를 밟다니 나쁜년이라고 봐야해]
나이요	내용
나즈가시이	그립다; 懐なつかしい[나의 노래-그리운 사람끼리] [비법-나스카라인 다녀온 게 그리워해야해] 암기해설: 그래서 나스카라인이 잘 때도 머리에서 빙빙
나지루	질책하다
나찌히찌	拉致らち·らっち 납치

난도	なんと[何と][연어] ‘なにと’의 음편(音便), 어째서(홈쇼핑에서)
난분	なんぶん[難文] [명사] 난문; 어려운 문장
난분	なんぷん[何分] [조수사] 몇 분
네	ね[根] 1.뿌리 2.근본; 근원 3.마음속
네	ね[値] 1.(팔고 사는) 값(=동의어値段) 2.가치; 값어치(=동의어 ねうち)
네	ね[音] 1.음; 소리; 음성(= 동의어おと·こえ) 2.울음소리
네가스	ねかす[寝かす]1.누이다 2.재우다.(↔반의어起こす) 3.쓰러뜨리다[일반-네가 잠을 의미하니까 연결이 된다]
네가우	원하다(오네가이시마스)
네가이	ねがい[願(い)] 원함
네구세	ねぐせ[寝癖] 잠버릇
네라우	노리다 [비법-네라주리인터밀란-우승을 노려야해]
네라이	ねらい[狙い]목표 표적 [네라우에서 외운다]
네루	ねる[寝る] 잠을 자다
네루	ねる [練る] 연습하다, 반죽하다[비법-네루(수상)-연설을 연습해야해] 암기해설: 더 간디처럼 되게 하기 위해서
네무이	ねむい[眠い] 졸리다[일반-네루가 자다이니까 유사발음 단어이다]
네무루	자다
네바이	ねばい[粘い] 끈적끈적하다 [비법-네바다사막-더위로 끈적끈적하다고 봐야해]
네부루	ねぶる[舐る]핥다 [비법-네불라이저-치료하려면 거의 핥아야해]

네스무	훔치다 ぬすみみる [盜み見る]훔쳐보다, 네스미미루
네즈미	ねずみ[鼠]쥐
네지루	ねじる[捩る·捻る·拗る]비틀다 {암기 필요}
네타바	ねたば[寝刃][명사] 무디어진 칼날
넨낀	연금
넷꼬	뿌리 ねっこ[根っこ·根っ子] [일반-네 는 뿌리의 의미인 根이고, 꼬는 물건 뒤에 통상적으로 붙은 子 글자이다. 그래서 말 그대로 뿌리이다]
노고루	のこる[残る] 남기다 [비법-노고지리-남겨진 찻잔을 보면서 작곡을 해야해]
노고수	남기다, 노고루로 암기
노교	のうぎょう[農業] 농업
노꼬	농경 のうこう[農耕]
노꼬	のうこう[農工] 농공
노꼬기리	のこぎり[鋸]톱 [비법-노고치(포켓몬-톱을 가지고 다녀야해]
노노	걱정 없이 편안한 모양
노루	타다 乘
노료꾸	능력
노료꾸	노력 どりょく
노루	노루
노리	のり[海苔] 김 해태
노보루	のぼる[登る][5단활용 자동사] 높은 곳으로 올라가다
노비루	のびる[伸びる] 자라다, 길어지다 [비법-노비츠키-키가 자라서 농구를 해야해] 암기해설: 댈러스 매버릭스 소속 선수였다
노세	납세
노세루	태우다 乘

노조꾸	のぞく 들여다보다 [覗く·窺く·覘く] {볼 견 아닌 보다}
노조무	바라다 [일반-のぞむらくは[望むらくは] 노로무라꾸하 라고 하면 원컨대의 의미인데 여기서 라꾸는 樂으로 암기하면 된다]
노죠	のうじょう[農場]농장
노찌	후(에) ストレートの後に左折 노찌니 사세쯔
노하라	のはら[野原][명사] 들; 들판 [일반-이것은 한자어 조합으로 외워질 수 있는 단어조합이다]
놉뽀	のっぽ 키가 큼
뇨로뇨로	にょろにょろ [부사] 뱀 같은 긴 물건이 꾸불거리는 모양: 꿈틀꿈틀
뇨헤이	尿閉にょうへい 뇨폐
누게다스	ぬけだす[抜け出す] 빠져나가다
누게루	빠지다 抜
누꾸	ぬく[抜く]빼다 [비법-누구없소 한영애-없으면 자리를 빼야해]
누마	늪 ぬま[沼] [비법-누마램프-쓰다보면 그늪에 빠진다고 봐야해]
누이구루미	인형 ぬいぐるみ[縫いぐるみ·縫い包]
뉴가꾸	입학
뉴꼬꾸	입국
뉴낀	입금
뉴샤	にゅうしゃ[入社] 입사
뉴슈	입수 入收
니가사	にがさ[荷がさ·荷嵩] 짐이 부피가 큼[일반-여기서 嵩은 높은 산 숭의 한자이고 훈독으로는 가사가 된다. 그래서 이 말은 병렬적으로 배치한 단어이다]
니가스	逃にがす; 逃のがす 놓치다 [비법-나가수(한다고)

놓치는 좋은 노래가 너무 많다고 봐야해]

니가이 씁쓸하다

니고야까 にこやか 상냥한 모양

니기리 にぎり[握り]움켜쥠 손잡이

니기리스시 바로 말아주는 스시

니또류 にとうりゅう[二刀流] 두 개를 다 잘하는 사람

니모쯔 にもつ[荷物] 화물

니세모노 にせもの[偽物·贋物] 위조품

니야리또 にやりと 빙긋[비법-니아신-애연가들은 니아신이 들어가면 빙긋한다고 봐야해]

니오이 におい[匂い]향기, 냄새[비법-니오(홍콩계 미국상장 전기차회사)-니오의차에서 좋은 향기가 나게 해야해]

니와 정원 마당 庭 [일반-니와는 마당이고 닭은 니와도리이다]

니와도리 닭 [명사][조류] にわとり 鶏 [일반1-닭싸움은 니와도리아와세 にわとりあわせ[鶏合わせ]]
[일반2-니와는 마당庭이고 닭은 니와도리이다]

니이상 にいさん[兄さん]형님[일반-오니상과의 관계는 앞에 친근 경칭의 오를 붙인다]

니인 任意にんい; 임의

니찌베이 にちべい[日米]

니훈 이분

닌겐 인간

닌교 人形にんぎょう 인형

닌니꾸 にんにく[大蒜·葫]마늘

닌시끼 認識にんしき 인식

닌진 にんじん[人参] 1.인삼 2.당근

다 Part

다까사	たかさ[高さ]높이
다까다까	많아봐야, 고작
다까라	보물
다까라모노	보물
다까미즈	たかみず[高水]물이 불어남
다꾸아에루	たくわえる [蓄える·貯える]저장하다
다꾸이나이	たぐいない [類ない]유례가 없다
다네	씨 種 [비법-다네가시마우주센터-우주산업의 씨를 뿌렸다고 봐야해]
다노	이라든가
다노시메루	たのしめる[楽しめる]즐길 수 있다
다누끼	너구리[우동][암기-우리나라에서도 통통한 라면은 너구리 우동이라고 하듯이 일본에서 온 이것은 바로 다누끼 우동이다]
다다구	치다, 두들기다 たたく [비법-다다이즘-예술에 대해서 두들기면서 하나하나 찾아가는 거여야해]
다다에루	たたえる [称える·讃える] 칭찬하다 [비법-다다미-다다미를 한국에서 만들기 쉽지 않은데 칭찬해야해]
다다시	옳다 正
다도루	たどる[辿る] 더듬다 [일반-다도루가 더듬다 있다 보니 다도리가 되면 더듬더듬의 의미가 된다]
다떼가미	たてがみ 갈기(사자 등의)
다라게	-だらけ 투성이
다루마	だるま[達磨] 1. 달마 2. 오뚝이(눈사람)
다마라나이	たまらない[堪らない]참을 수 없다
다마루	모이다

다마루	침묵하다 [암기-이것은 침묵하다에서 나오게 한다]
다마루	참다[침묵하다, 참다는 같은 범주]
다마리	たまり[溜(ま)り] 웅덩이 [비법-다마들을 웅덩이에 많이 빠드린다고 봐야해] 암기해설: 구슬치기 다마치기 하다보면
다마시이	たましい[魂·霊] 영혼
다메	だめ[駄目] 소용없음; 효과가 없음(=동의어むだ)
다메	ため[為][명사] 이익·행복 등 유리한 것; 위함
다메루	모으다 貯[비법-담에루 (예물을) 모으다]
다메스	ためす[試す·験す] [5단 활용 타동사]시험하다; 실지로 해보다[가능형]ため-せる[하1단 자동사]
다베스끼	たべすぎ [食べ過ぎ] 과식
다비(1)	여행 旅
다비(2)	정도 빈도 度 때
다스가루	살아나다(다스갓다 살았다)
다스게	도움
다수	多数たすう 다수
다오레루	倒たおれる 쓰러지다
다이가구센	たいかくせん[対角線] 대각선
다이가이	たいかい[大会][명사] 대회
다이가이	たいかい[大海][명사] 대해; 큰 바다
다이가이	たいかい[大塊] 대괴
다이가쯔	だいかつ[大喝] 크게 꾸짖음
다이게쯔	たいけつ[対決][명사][ス자동사] 대결
다이게쯔	だいけつ[代決][명사][ス타동사] 대결; 대리 결재
다이곤	だいこん[大根] 무
다이기보	大規模だいきぼ; 대규모
다이다이	だいだい[代代] 역대, 대대로

다이또 태도
다이사꾸 대작
다이사꾸 대책
다이산샤 제삼자
다이샤 退社たいしゃ퇴사
다이세이꼬 大成功だいせいこう; 대성공
다이세쯔 たいせつ[大切] 1.중요 2.귀중; 소중
다이세쯔 たいせつ[大雪][명사] 대설
다이소 体操たいそう 체조
다이쇼 たいしょ[対処][명사][ス자동사] 대처
다이쇼 対象たいしょう 대상
다이시쯔 たいしつ[体質]체질
다이오 대응 大應
다이오 대왕 大王
다이요 대양
다이요 대용 代用
다이요지 たいようじ[太陽時]
다이이꾸간 体育たいいく館かん 체육관
다이이찌 だいいち[第一] 제일
다이인 退院たいいん 퇴원
다이진 大臣 대신, 장관
다이진 大人たいじん 대인, 성인
다이하이 대패
다이호 [명사]逮捕たいほ 체포
다이호 도량이 큼
다이호구 対北たいほく대북
다찌고무 たちこむ[立ち込む] 북적거리다
다찌마찌 たちまち[忽ち] [부사]홀연; 곧; 금세; 갑자기->복

수를 나타내는 다찌와 소리가 비슷해서 헷갈리겠다 [비법-이다지-국사강사로 홀연 떴다고 봐야해]

다쿠마시이 たくましい[逞しい] 억세다, 강하다, 용감하다 [비법-다구-차를 따르는 다구는 튼튼하게 만들어져야해]

단다이 たんだい[短大][명사] '短期大学(=전문대학)'의 준말

단다이 たんだい[胆大][명사] 담대; 대담; 담력이 큼

단단 だんだん[段段][부사] 차차; 점점 [일반-이말 자체가 단계 단계니까 그렇게 외운다]

단도 담당

단도 잔뜩

단로 暖炉だんろ 난로

단보 たんぼ[田圃] 논

단죠 탄생

단수이 담수

닷데 こっち[此方] 라 해도

데가미 てがみ[手紙] 편지

데가이 크다의 속어

데구비 てくび [手首] 손목, 목, 구비를 외운다

데끼아가리 できあがり[出来上(が)り] 완성

데누끼 てぬき[手抜き]생략함, 손을 덤

데니모쯔 수하물

데마 てま[手間] 수고

데마진 てまちん 수고비

데아데 手当てあて 치료 [일반-말 자체는 수당이지만 손으로 딱 떨어지게 적절히 하는 일이니 치료라고 기억한다]

데오리 ており[手織(り)] 손으로 짬

데유 でゆ[出湯][명사] 온천수

데이게쯔 체결 締結

데이교 제공

데이긴리 低金利ていきんり 저금리

데이꼬 ていこう[抵抗]저항

데이나이 ていない[庭内] [명사] 정내; 뜰 안

데이나이 ていない[廷内] [명사] 정내; 법정 안

데이네이 ていねい[ていねい·丁寧·叮嚀] 친절함; 정중함; 공손함[일반-여기서의 정은 정수리 즉 올곧은 것을 의미하고 녕은 편안할 녕이다. 그래서 정중하고 공손한 뜻이 된다]

데이도 程度ていど; 정도

데이지 제시

데쯔기 てつき[手付き] 손짓, 손놀림

데쯔도 철도

덴겐 전원

덴겐 점검点検てんけん

덴교 てんぎょう[転業]전업

덴난가이 전람회

덴데이 번개 でんてい [電霆]

덴덴 でんでん 북소리: 둥둥

덴덴 てんでん [명사] 각자; (제)각기; 각각(=동의어めいめい·それぞれ)

덴덴 てんてん[点点] 몇 개의 점

덴덴 てんてん[転転] 1.전전 2.여기저기 옮겨 다님

덴도우 전등

덴도우 전통

덴도우 でんどう[電動] 전동

덴부쯔 てんぶつ[天物][명사] 천물; 천산물(天産物); 자연 산물

덴부쯔	てんぶつ[典物][명사] 전당잡힌 물건; 전당물(=동의어質ぐさ)
덴신	全身ぜんしん;전신
덴와	전화
덴죠	天頂てんちょう천정
덴지	てんじ[展示][명사][ス타동사] 전시
덴지	でんじ[電磁][명사] [물리]전자; 전자기
덴지까이	てんじかい 전시회
뎃보우	てっぽう[鉄砲]철포
도	문 戸 [일반-에도라고 할 때의 도도 이것을 쓴다]
도게루	넘치다, 녹다 溶 とける[溶ける·解ける·融ける] [비법] 도깨비의 유인나-사랑이 넘친다고 봐야해]
도구샤	독자(讀者)
도구센	독점
도구죠	특징
도까이	とかい[都会] 도회지; 도시(↔반의어村落·いなか)
도까이	とうかい[東海] 동해
도꾸	とく[解く]풀다 [비법-도구리(엔씨소프트의 분홍색 너구리캐릭터)-게임 등의 나쁜 이미지를 풀어줘야 해]
도꾸니	とくに[特に] 특별히
도꾸덴	特典とくてん 특전
도꾸효	득표
도뀨	とうきゅう[等級][명사] 등급(=동의어しな·くらい)
도뀨	どうきゅう[同級] 명사] 1.동급 2.같은 등급
도나루	부르다
도나루	이웃하다
도나리	옆에 となり[隣·鄰]
도뉴	투입

도도	とうとう[到頭] [부사] 드디어; 결국; 마침내. [일반-정점에 닿으니까 마침내]
도도게루	とどける[届ける]신청하다[비법-도도새+게루즈-멸종 위기 캠페인 달리기에 도도새를 위해서 게루즈가 신청해야해] 암기해설:게루즈는 모로코의장거리 신화왕이다
도도게	신청
도도구	とどく[届く]1.(보낸 것·뻗친 것이) 닿다; (도)달하다; 미치다 2.(소원 따위가) 이루어지다 [비법-도도게루와 같이 암기한다. 도도게루의 원형이다]
도라스	トーラス(Taurus, 타우루스) 황금장
도라이	とうらい[到来]1.도래 2.때가 옴
도라이	とらい[渡来][명사][スル자동사] 도래; 외국에서 건너옴
도레다케	どれだけ[何れ丈] 얼마만큼
도레호토	얼마만큼
도로	泥どろ; 진흙
도리다스	끄집어내다
도리시끼루	とりしきる[取(り)仕切る][5단활용 타동사] 혼자 도맡아 하다; 책임지고 관리하다
도리시마리	단속 (團束) [명사]取とり締しまり
도리시마리야꾸	取締とりしまり役やく 취재역
도리아에즈	とりあえず[取(り)敢えず] 1.우선 2.부랴부랴 예시문: あ,「やりがい」とかいらないんで,とりあえず残業代ください (보람은 됐고요. 잔업수당이나 우선 주세요 [일반-이 단어는 말 그대로 하나하나를 풀어준다. 잡고 감행을 한다는 소리이기에 다른 것보다 우선한다는 의미를 가진다고 외운다]
도마루	멈추다とまる[止(ま)る·停(ま)る][일반-도메루를

	외우고 이 도마루도 비슷한 소리로 나오는 단어임을 같이 외운다. 아니면 도마루를 외우고 도메루를 같이 외운다] [비법-종합우승다 하는 것을 도마루 막아야 해]
도메루	とめる[止める·停める] 1.멈추다 2.세우다; 정지하다.[일반-도메루를 외우고 이 도마루도 비슷한 소리로 나오는 단어임을 같이 외운다. 아니면 도마루를 외우고 도메루를 같이 외운다]
도메루	とめる[留める] 만류하다
도메루	とめる[泊める] 숙박시키다; 묵게 하다
도모가끼	ともがき[友垣] 친구
도모리	どもり[度盛(り)][명사] (온도계 따위) 눈금
도모리	말을 더듬음 どもり[吃り][비법-도모에하라다-아주 귀엽게 말을 더듬는다고 봐야해]
도미	富 부 [일반-원래 富는 훈독으로 토요의 의미를 가진다. 그래서 토요타이가 풍전 豊田이다. 그것의 명사형이 되어서 도미로 한다]
도보	도망
도비히	とびひ[飛(び)火] 불똥
도사꾸	같은 색(동색)
도사쯔	도촬
도사이	도전
도시요리	としより[年寄(り)]늙은이 (아버지가 말씀하신 것)
도사쯔	도촬 とうさつ [盗撮]
도센	당선
도시	どうし[同士] 종류 끼리
도시	해
도시오도루	としをとる[年を取る]나이를 먹다

도오리	とおり[通り] 길 통함
도오이	とおい[遠い] 멀다
도오이	동의
도요	どよう[土曜][명사] 토요일
도요	とうよう[東洋][명사] 동양(↔반의어西洋)
도요	どうよう[同?]같은 모양; 같음
도요	[動] 동요
도요	どうよう[童] [명사] 동요
도우고	통합
도우까	動画どうが; 동영상
도우뉴	투입
도우메이	투명
도우세	どうせ[何うせ]어쨌든 [비법-도세-어쨌건 도세기고기를 하던 복지가 좋아야해] 암기해설: 도세가 글로벌 게임사를 이기려면 뭐라도 해서 복지를 늘려야 한다는 말이다
도우시	투자
도우시따	どうした[如何した]
도유	とうゆう[党友] [명사]1.당우 2.같은 당파에 속하는 동료 3.외부에서 그 당을 지지·지원하는 사람
도유	どうゆう[同友] 친구
도이쯔	통일
도젠	당연 當然
도죠	盗聴とうちょう; 도청
도죠	등장(신도죠 신등장)
도지 1	どうじ[同時] 동시
도지 2	とうじ[当時] 당시
도지	동자; 어린이(=동의어こども·わらべ)

도지	(유)적지
도지니	どうじに 동시에
도지루	とじる[閉じる] 닫다, 닫히다 {열다, 닫다, 벌리다}
도지쯔	그날 당일
도지쯔	같은 날
도후	とうふう[東風]
돈네루	トンネル(tunnel) 터널
돈돈	どんどん1.잇따르는 모양 : 자꾸(자꾸); 계속 2.일이 순조롭게 진척되는 모양; 또, 일을 지체 없이 처리하는 모양 : 부쩍부[비법-돈돈부르스(돈가쓰무할리필)-자꾸자꾸 무한이니까 먹어야해]
돗데	とって[とって·取って] 에 있어서
돗덴	돗덴
돗빠	突破とっぱ
돗사리	どっさり 잔뜩 [비법-도사견-볼이 잔뜩 부풀어 오른 도사견이어야 해]

라 Part

란샤	乱射らんしゃ 난사
레끼시	歴史れきし 역사
레이조우꼬	냉장고 冷藏庫 れいぞうこ
렌라꾸	連絡れんらく 연락
렌아이	연애 가가가
로우소꾸	ろうそく[蠟燭][명사] 초; 양초 [일반-밀랍 랍초 촉의 두 단어가 합쳐진 말이다]
론소	論争ろんそう 논쟁(참고 센소 전쟁)
료세이	りょうせい[両性][명사] 양성
료세이	りょうせい[両生·両棲] [명사] 양서
료세이	りょうせい[良性][명사] 양성(↔반의어悪性)
료시	りょうし [漁師]고기잡이; 어부(漁夫)
류고꾸	양국
료꼬우	여행 旅行 りょこう
류꼬우	유행
류슈쯔	流出りゅうしゅつ. 유출
리꼬우	りこう[利口·悧巧·利巧] 영리
리또	입동
리쇼	이상
리시죠	이사장
리요	이용(利用)
릿꼬호	입후보

마 Part

마까나우 まかなう[賄う] 마련해 공급하다; 조달하다[비법-마카레나-나우엔댄 (늘) 사람들에게 흥을 공급해야 해]

마까나이 식모

마까세루 任まかせる 맡기다

마꾸 씨뿌리다 播 [비법-마구마구-야구게임을 씨를 뿌렸다고 봐야해]

마끼 まき [薪]장작 (섭, 장작 신) [비법-마기(장비의 부하)-장작같이 조용한 사람이었다고 봐야해]

마끼쯔게루 まきつける [まき付ける·蒔き付ける·播き付ける]파종하다

마네 まね[真似] 시늉

마도 まど[窓] 창[일반-마도는 마도가와노세끼 즉 창측좌석 窓側으로 외운다] [비법-마도선-창을 통해서 조운선으로 봐야해] 암기해설: 마도선은 발굴된 조선시대 조운선이다

마도메 まとめ[纏め·纒め]1.요약 2.분쟁을 조정함; 수습[일반암기-마도메루를 가지고 암기한다: 축약 명사형]

마도메루 まとめる[纏める·纒める] 모으다, 정리하다[비법-마도로스+메루카리-메루카리사이트를 통해서 정리해야해]

마루데 まるで[丸で]1.마치; 꼭(=동의어さながら) 2.(다음에 否定語가 따라서)전혀; 전연; 통 (=동의어まるきり)

마메쯔 まめつ[摩滅·磨滅] 마멸

마메쯔부 まめつぶ[豆粒] [명사] 콩알

마바유이 まばゆい[目映い·眩い] 빛나다

마부시이 まぶしい [眩しい] 눈부시다 [비법-마부영화의 김승

호-눈부신 열연을 했다고 봐야해]

마사까 まさか[真逆] 아주 큰일

마세루 ませる[老成る] 조숙하다

마수 늘다 増ふ[殖]やす; 増ます [비법-마수시다대표-회사를 일본성장기에 엄청 늘렸다고 봐야해]

마와리 まわり[回り·廻り] 회전 돔

마요 まよう[迷う] 1.갈피를 못 잡다; 결단을 내리지 못하(고 망설이)다. 2.헤매다. [비법-마여왕-부여의 앞날의 갈피를 못잡은 왕이라고 봐야해]

마요 まよ[真夜] [명사] 한밤; 한밤 중

마이도시 まいとし[毎年] 매년

마즈 [先ず] 먼저 [비법-마주 먼저 배팅해야 해] 암기해설-경마에서 마주 먼저 배팅해야 한다고 주장하는 마주

마즈시이 まずしい[貧しい] 가난하다 [비법-마즈닥(조로아스터교승려, 가난하고 청빈한 삶)+시이나린조-가난한 삶을 살았다고 봐야해]

마즈이 まずい[不味い] 별로, 맛없다[비법-마주앙-외국 와인에 비하면 별로 맛없다고 봐야해]

마쯔 まつ[待つ] 기다리다

마찌가이 まちがい[間違い] 잘못됨, 실수, 틀림[일반-마는 사이라는 뜻이고 찌가이는 차이남, 잘못됨의 의미이다. 중간의 사이가 뭔가가 잘못이 있고 틀림을 말하는 것이다]

마호쯔가이 魔法まほう使つかい 마법사 [일반-여기에서의 마법사에서의 사는 士도 師도 아님에 조심해야 한다. 다소 마법을 사용해서 부리는 사람인 사를 썼음에 유념한다. 그래서 쯔가우를 사용한다]

만나가 한가운데

만부꾸 まんぷく[満腹] 1. 만복 만족 2. 전면적으로

만슈 まんしゅう[満州·満洲]만주

메가네 눈

메가미 여신

메구루 めぐる[巡る·回る·廻る·周る·繞る]돌다

메구리 회전

메데다이 めでたい[目出度い·芽出度い·目出い][형용사]경사스럽다; 축하할 만하다[일반-이 단어는 말 그대로 풀어준다. 눈에서 툭 튀어나올 정도의 일이니 경사스럽다]

메스 めす[召す] 부르다 [종이][비법-메스머-신비력을 불러서 치료를 해야 해]

메마이 めまい[眩暈·目眩] 현기증

메시끼 めいしき[名識] 명승, 뛰어난 승려

메시아가루 めしあがる[召し上(が)る] 먹다, 마시다의 높임말

메이 めい [姪]조카딸 [메이 조카 때부터 먹혔다(영국총리)]

메이고꾸 명곡

메이로 めいろ [目色] 눈빛

메이안 明暗めいあん 명암

메자마시이 めざましい[目覚(ま)しい] 눈부시다

멘도리 めんどり[めん鳥·雌鳥]1.날짐승의 암컷 2.[雌鶏]암탉

멘도우 めんどう[面倒] 번잡하고 성가심

멘세쯔 めんせつ [面接] 면접

모계루 もげる[捥げる]나눠지다, 떨어지다 [비법-모계사회-모계사회 부계사회로 나눠진다고 봐야해]

모게이 もけい[模型] 모형

모구라 もぐら [土竜·鼹鼠] [동물]두더지 [비법-모글-두더

지굴을 넘어야해] 암기해설: 그게 모굴이라는 의미를 가진다고 풀어서 해설해주고 있다

모구루시이 억울하다重苦おもくるしい[비법-모구(중국기반 미국 온라인 쇼핑몰 회사)+루시드(미국 전기차 회사)-거래소의 처분으로 억울해야해]

모구사이 목재

모까끼구로시무 もがきくるしむ [もがき苦しむ]괴로움에 몸부림치다

모도도오리(노) 元もと通どおり(の) 예전처럼

모도루 돌아오다

모라우 もらう[貰う] 얻다

모레루 もれる[漏れる·洩れる]1.(물·빛 따위가 틈에서) 새다 [비법-모래시계-모래가새야해] 암기해설;졸졸졸 세지 않으면 그게 모래시계 아니다

모로데 もろて[もろ手·諸手·両手] 양손

모모 もも[股·腿][명사] 넓적다리; 대퇴(=동의어大腿)

모모 もも[桃][식물] 복숭아(나무)

모모 もも[百]1.백(=동의어ひゃく) 2.수가 많음을 표시하는 말

모무 시달리게하다, 문지르다 もむ[揉む](일본식 한자)(주로 수동형으로 모마레루 같은 식으로 쓰임)

모사꾸 모색

모시 もし[若し] 만일

모시꼬무 もうしこむ[申(し)込む] 신청하다

무시루 むしる [毟る·挘る]1.쥐어뜯다 2.잡아 뽑다 [비법-무시루의 나훈아-무시루 마이크 쥐어뜯으면서 불러야 해] 암기해설: 나훈아의 열창에 대해서 소개한다

모에루 타다燃[비법-모에화현상-의인화해서 마음이 그리로

타들어가야 해] [일반-서브컬처에서 모에 하면 뽕 갔다는 의미를 가지고 간다. 중복해서 모에모에 라고 쓰기도 한다]

모우수　申 신청하다[비법-모수부호-모르스부호로 모수 신청을 해야해] 암기해설: 모르스부호로 모수에 들게 신청을 해야 한다고 말한다

모우시꼬무　もうしこむ[申(し)込む]신청하다[비법-모시메리+고무딸기-모시메리를 발기부전에 좋으라고 신청해야해] 암기해설: 고무딸기는 발기부전에 쓰는 한약[일반-이는 합성동사로 모르스부호가 나오는 모우스와 꼬무가 합성이 되었다]

모우히도쯔　もうひとつ[もう一つ][부사] (뒤에 否定의 말을 수반하여) 조금 더; 약간

모지　もじ[文字] 문자

모찌꼬무　もちこむ[持(ち)込む] 가지고 들어오다

몬구　もんく[文句]1.문구 2.불평; 이의(異議)트집

몬방　もんばん[門番] 문지기

못다이나이　もったいない[勿体無い·物体無い] 미안하다, 죄스럽다[비법-모다아울렛-본제를 중시하는 옷을 많이 판다고 봐아해]

무겐　[명사] 無限むげん 무한

무까우　むかう[向かう] 향하다

무꼬　むこ[婿·壻·聟]1.사위 2.신랑[비법-무고꾼-자꾸 딸의 잘못을 일러바치는 사위는 무고꾼이라고 봐야해]

무꼬우　むこう[向(こ)う] 저쪽[일반암기-무까우가 향하다 이다. 그래서 명사로 만들면서 꼬로 변했다. 그래서 향하는 쪽, 저쪽이다]

무끼 [명사][식물] 麦むぎ 보리[비법-무기여 잘있거라 어네스트헤밍웨이-보리밭 전투씬을 봐야해] 암기해설: 무기여 잘있거라의 스페인 내전에서 보리밭 전투씬이 유명하다 [일반-묵이 보리로 만들었다고?]

무네 むね[胸] [명사] 1.가슴 2.유방

무네 [접미] 가옥을 세는 助数詞 : 동; 채

무네 むね[旨][명사] 취지; 뜻 [비법-무네와리문신-남자라면 무네와리를 하는 취지가 있어야해]

무다 むだ[無駄·徒] 쓸데없는 짓

무도효 무득표(당선)

무또 むとう[無党] [명사] 무당; 어느 당파에도 속하지 아니함

무또 むとう[無灯][명사] 무등; 등불을 켜지 않음(=동의어無灯火)

무또 むとう[無糖] [명사] 무당; 당분이 없음

무소 무장

무스꼬 식자 息子 むすこ 자식 아들 놈

무시바 충치

물러서다 아도에 히꾸 あとへ引ひく

미 実 み열매

미기가와 みぎがわ[右側]우측

미가꾸 磨みがく연마하다 닦다

미고또 みごと[見事·美事]훌륭한 일

미기 오른쪽

미나리 みなり[身なり·身形] 옷차림, 복장

미나미 みなみ[南] 남쪽

미노마와리 みのまわり[身の回り]신변물

미니구이 みにくい[見にくい·見悪い·見難い][형용사] 보기 힘

	들다[나쁘다]; 알아보기 어렵다.(↔반의어みやすい) [일반암기-이 단어는 역시 미 다음에 니구이 가 결합된 것으로 보면 된다]
미다이	-みたい 비슷한, 유사한
미도리	초록
미도리니	초록빛으로 예시 緑みどりに艶つやめく 반들거리다
미도메루	인정하다 認〈마도메루 모으다와 같이해서 암기〉[기독-미돔에루 집회를 하기로 했음을 교회 지도부에서 인정하다. 숨길 일도 아닌데. 미국의 돔에로]
미도우	みとう[未到] [명사] 미도; 미답; 아직 아무도 이르지 않음
미도우	みとう[未踏] [명사] 미답; 아직 아무도 밟지 않음
미라이	미래
미루미루	みるみる[見る見る][부사] 보고 있는 동안에; 순식간에[암기-보고 있는 동안에]
미미	귀 耳[비법-미미-이야기가 엉뚱해서 귀를 막아야해]
미이루	みいる[見入る]들여다보다, 열심히 보다
미즈미	みずうみ[湖]호수 [비법-미주(놀면뭐하니)-이쁘고 호수 같은 마음을 가지고 있다고 봐야해] 암기해설: 유재석이 미주를 칭찬하면서 하는 말이다
미지까	みぢか[身近] 신변, 늘상 보는 것
미지까이	잘못 봄
미지까이	みじかい[短い] 짧은 [비법-미지꼬런던의 미찌고-키가 짧은 디자이너라고 봐야해]
미쯔	みつ[密]비밀
미쯔	꿀
미쯔	3개

미쯔	넘치다 차다
미찌구사	みちくさ[道草·路草]1.길가의 풀; 노방초(草) 2.길가는 도중에 딴 짓으로 시간을 보냄; 지정거림[일반-이 단어는 그냥 그 유래의 뜻대로 가면 되는 단어이다]
민슈	민중
민슈도	민주당

바 Part

바게모노	化ばけ物もの 도깨비
바까리	ばかり[許り] 정도
바라	장미 ばら[薔薇][비법-바라쿠다동작(수중발레동작)-장미꽃 모습 같은 동작이라고 봐야해]
바라이	拂 돈냄
바사리또	털썩 ばさりと
바샤	마차
바쇼	場所 장소
바신	ばしん[婆心]노파심
바앗도	확 ぱあっと
바와하라	파워하라스먼트
바이쇼	배상
밧또	ぱっと 번쩍 [비법-바도사(스페인여자테니스선수)가 라켓을 번쩍 들어올렸다고 봐야해] 암기해설: 바도사의 큰 동작을 그래서 승리를 한 것을 말한다
밧찌리	ばっちり듬뿍, 크게 [비법-바지사장-자기거 아니리 듬뿍 준다고 봐야해]
벳소	べっそう[別荘]별장
보게루	ぼける[惚ける·耄ける·呆ける]흐려지다[비법-보게-미세현미경으로 볼수록 아무래도 흐려진다고 봐야해]
보구리	ぼくり[木履] 나막신
보꼬	폭행 暴行
보사이슈쯔	방재술
보슈	募集ぼしゅう 모집
보에이쇼	防衛相 방위상
보우보우	ぼうぼう[茫茫] 1.넓고 아득한 모양; 또, 종잡을 수

	없고 명백하지 않은 모양: 망망 2.희미한 모양; 흐릿한 모양
보우보우	ぼうぼう [부사] 1.(풀·수염 등이) 아무렇게나 자란 모양: 더부룩이; 텁수룩이 2.불이 세차게 타는 모양: 활활
보우보우	ぼうぼう[某某] [명사] 모모; 누구누구; 아무개
보우시	防止ぼうし 방지
보우야	ぼうや[坊や] 애들아, 자식들아
보우에끼	무역 ぼうえき 貿易
부까이	-ぶかい[深い] (名詞에 붙어, 形容詞를 만듦)이 깊은
부꾸	伏 ふく·ぶく 엎드리다[종이] [비법-부구감-느낄려면 더 엎드려야해]
부다	豚ぶた. 돼지
부다이	ぶたい[舞台] 무대
부다이	ぶたい[部隊] 부대
부도	ぶどう[葡萄] 포도
부라리	대롱대롱[일반-부라사게루 하면 매달리다]
부라부라	ぶらぶら 흔들흔들, 어슬렁어슬렁
부라사게루	매달리다 ぶらさげる[ぶら下げる].축 늘어뜨리다; 매달다 [일반-부라리라고 하면 대롱대롱]
부요부요	ぶよぶよ 통통하게 (게임이름도 부요부요)
부조꾸	부족
부찌고로스	ぶちころす [ぶち殺す·打ち殺す]때려죽이다
분가꾸	문학
분까	ぶんか[文化] [명사] 문화(=동의어カルチャー)
분까	ぶんか[文科] 문화
분까	ぶんか[分化]
분꼬	문고

분세끼	分析ぶんせき 분석
분쇼	ぶんしょう[文章][명사] 문장
분쇼	ぶんしょ[文書]
비기	마리
비쇼	びしょう[微笑] [명사][スㄱ자동사] 미소(=동의어ほほえみ)
비쇼	びしょう[微小] 비소
비시	びし[微志] 작은 뜻
빈보	びんぼう[貧乏] 가난한, 빈핍
빗구리	깜짝 놀람びっくり[吃驚·喫驚] [비법-비구니-신심에 깜짝 놀랐다고 봐야해]
빗다리	ぴったり 틈이 없이 꼭 맞는 모양: 꼭; 딱; 꽉 [비법-비다(아프간출신모델)-아름다움이 꽉 찼다고 봐야해]
빗시리	びっしり 가득[비법-비시정부-처음에는 희망이 가득 했다고 봐야해]
뽀까	ぽか [명사] [속어](바둑·장기 따위에서) 어처구니
없는 악	수
뽀끼	발기 勃起 ぼっき

사 Part

사	差 차
사가	천성 성질
사가나 かなはお	魚 さかな 물고기〈逃がした魚は大きい にがしたさおきい: 놓친 물고기가 크다 [비법-사카(아스날선수)-회물고기를 엄청 좋아한다고 봐야해] 암기해설: 사가나라는 이름이 붙은 회집도 한국에 많다.
사가이	界 계
사게루(1)	さげる[下げる]1.내리다 2.(위치·값 등을) 내리다 3.내려주다; 하사하다; 관청에서 민간으로 넘겨주다(↔반의어上げる)[비법-사게-사무라이장수에게 술을 내려줬다고 봐야해]
사게루(2)	さげる[提げる][하1단 타동사] (손에) 들다 [일반-건설현장에서 손에 들고 다니는 추를 사게부리라고 한다. 도구이름]
사게루	さける[裂ける] [하1단 자동사] 찢어지다; 터지다; 갈라지다 {일반-사꾸에서 외운다 裂く 찢다}
사게부/사께부	さけぶ [叫ぶ] 외치다; 부르짖다 {울다, 외치다, 소리}[비법-사께부 (안돼)라고 (성직자가) 외치다]
사기사이	詐欺さぎ罪ざい 사기죄
사까라우	さからう[逆らう] [5단활용 자동사]1.거스르다{반환대답, 되돌이}[비법-사가미콘돔+라우터-사가미콘돔을 라우터가 조절해서 되짚는다고 봐야해]
사꾸	さく [裂く]찢다 [비법-사구-황경기분위기를 찝어버린다고 봐야해]
사꾸	さく [咲く] 피다
사끼(니)	さき[先] 사끼(니)

사끼모노	선물
사끼호도	さきほど[先程] 방금 전
사또	さとう[差等]
사또우	설탕 さとう[砂糖]
사라메시	サラメシ샐러리맨의 점심 「サラリーマンの昼飯」의 약어
사라우	さらう[攫う] 채가다, 납치하다
사루	去さる. 떠나다 [비법-사루비아과자 우리입맛을 떠나다]: 아주 고전적 과자라서 우리 입맛을 떠나다
사루	원숭이
사마수	さます[覚ます·醒す] 깨다; 깨우치다; 깨우다 [
비법-사마의(사마중달)이	공명을 이기는 방법을 깨우쳤다고 봐야해]
사메루	さめる[覚める·醒める] 각성하다, 눈을 뜨다[비법-사마수에서 유래하다]
사미시이	さみしい[寂しい·淋しい]외롭다(사비시이랑 비슷)[일반암기-사비시이랑 같이 외우자]
사베쯔	차별
사비시이	외롭다[인생노래-내 마음은 외로운 풍차]
사사꾸	ささく[差錯] 틀림 착오
사사레루	挿さされる 꽂히다, 박히다 [비법-사사루를 암기한다]
사사루	ささる [刺さる] 꽂히다, 박히다 [비법-사사-좋은 스승의 사사루 교훈이 꽂히다]
사사에루	버티다 ささえる[支える][비법-사사방(삼성라이온즈 팬클럽, 사자를 사랑하는 사람들)-하위권을 해도 사사방에서 버티니까 올라간다고 봐야해]
사세루	하게하다
사세쯔	좌회전[나의 운전-직진 후 좌회전 ストレートの後

に左折 노찌니 사세쯔]

사스 찌르다 刺さす [비법-사수가 잘하라고 찔러해]

사스가 さすが[逭·流石] 그렇다고는 하나[비법-사스가 멈추었다고는 하나, 그렇다고는 하나 조심해야해]

사에즈루 さえずる 지저귀다

사오다 青さおだ 새파랗다

사와루 더듬다 닿다 손대다 觸 [비법-사와디맙 하면서 자연스럽게 손을 대야해]

사요 작용

사요나라 '이대로 끝내시지요'의 의미

사이가이 재해 災害

사이겐 さいげん[再現][명사][スㅈ·타동사]재현(함);재현시킴

사이겐 さいげん[際限][명사] 제한; 끝; 한(한문투의 말씨)(=동의어かぎり)

사이겐 さいげん[再言][명사][ス타동사] 재언; 거듭 말함

사이겐 さいけん[再建][명사][ス타동사] 재건

사이겐쇼 재검정

사이교 최강 最强

사이까이 さいかい[再会]재회

사이까이 さいかい[再開][명사][スタ·자동사] 재개

사이닌시끼 再認識さいにんしき; 재인식

사이따` 최다

사이다이 최대

사이데이 最低さいてい 최저

사이방 さいばん[裁判] 재판

사이세이 さいせい[再生] 재생

사이쇼 최초

사이쇼 최소

사이쇼	재상
사이슈	최종
사이슈	채집
사이시	제사
사이시	처자
사이신	최신
사이신	세심
사이쵸샤	再調査さいちょうさ 재조사
사이하쯔	さいはつ[再発] 재발
사즈가루	さずかる[授かる][5단활용 자동사] (내려) 주시다
사쯔가이	さつがい[殺害] 살해
사쯔에이	촬영 さつえい[撮影]
사쯔진	살인
산가쯔	さんがつ[三月] 삼월
산고꾸	잔혹 [나의 영화-말죽거리잔혹사]
산죠	さんじょう[参上] 뵈러감
삿긴	살균
삿사도	さっさと[부사] 망설이거나 지체하지 않는 모양: 빨랑빨랑; 척척; 데꺽. 휙
삿소꾸	さっそく[早速] 즉시
샤가무	しゃがむ 웅크리다 [비법-???]
샤교꾸가	作曲さっきょく家か 작곡가
샤꾸루	しゃくる[杓る·抉る] (수예 등을)뜨다
샤베루	しゃべる[喋る] 재잘거리다[비법-샤베르대령(발작크 소설)-조잘거리듯이 말하는 대령이라고 봐야해]
샤인	사원
세겐	제한
세끼닌	せきにん[責任]책임

세끼닌샤 責任せきにん者しゃ 책임자
세끼멘 적면, 붉은 얼굴, 악역
세끼유 석유
세끼힌 せきひん[赤貧] 몹시 가난함
세루 사역의 의미
세루 협박하다 せる[迫る] 발음 재생[비법-크레스크레스-300인에게 협박을 해야해]
세마이 좁은 せまい[狭い][비법-새마을기-일본이니까 새마을기는 좁게 보여지게 해야해]
세비루 せびる 조르다, 강요하다[비법-세비야축구단-우승하라고 팬들이 졸라야해]
세이 せい[所為][명사] 원인; 이유; 탓
세이 せい[性][명사]1.성질; 성격; 본성 2.남녀·자웅의 구별; 섹스
세이 せい[姓] 성; 성씨.(=동의어みょうじ)
세이게쯔 청결
세이겐 정권
세이고 성공
세이긴 せいきん[生菌]
세이넨 青年せいねん청년
세이노 せいのう[性能] 성능
세이다 せいた[背板] 널빤
세이또 せいと[生徒] [명사] 학생(중·고교 학생)(→じどう(児童)·がくせい(学生))
세이또 せいとう[政党] [명사] 정당
세이또 せいとう[正当] [명사][ダナ] 정당(↔ 반의어 不当·失当)
세이랴꾸 정략

세이료꾸	勢力せいりょく; 세력
세이리	정리
세이리	생리
세이베쯔	せいべつ[性別][명사] 성별
세이비	せいび[整備] 정비
세이사꾸	정책
세이사꾸	제작
세이시	제지 (회사) 製紙せいし会社
세이시	せいし[静止] [명사][スㅈ자동사] 정지; 멈추어 움직이지 않음
세이시	せいし[生死] [명사] 생사(=동의어しょうじ·しょうし)
세이젠	せいぜん[整然] [トタル] 정연
세이젠	せいぜん[生前] 생전
세이조	제작 製造せいぞう
세이죠	[명사]成長せいちょう 성장
세이죠기	成長期せいちょうき 성장기
세이쥬꾸	成熟せいじゅく성숙
세이쥰	청순　　清純せいじゅん
세이진시구	성인식
세이푸	정복
세지	せじ[世辞] (상냥하게 들맞추는) 인사(말); 간살(→おせじ)
세지	せじ[世事] 세사; 세상 물정.(=동의어俗事)
세지스	성실
세쯔	說 말
세쯔	절 회전(예시: 좌회전 사세쯔)
세쯔메이	설명 說明

세쯔보	절망[종이]
세쯔소꾸	접속 接続せつぞく
센게쯔	지난달 せんげつ[先月]
센교	전업
센교	전역 全域
센교	선거
센교	せんぎょ[鮮魚] 물이 좋은 생선
센긴	せんきん[千金] 천금
센다꾸	選択せんたく; 선택
센또우	せんとう[尖塔] 첨탑
센류꾸	戦略せんりゃく 전략
센릿센	前立ぜんりつ腺せん전립선
센몬	전문
센바이	선배
센베쯔	せんべつ[餞別][명사][スㅈ자동사] 전별 금품(金品); 또, 그것을 주는 일 (=동의어はなむけ)
센베쯔	せんべつ[選別][명사][スㅌ타동사] 선별(=동의어よりわけ)
센보	全貌ぜんぼう; 전모
센사이	せんさい[繊細] 섬세
센세이	せんせい[先制] 선제
센슈	지난주
센슈쯔	선출
센시	せんし[先史][명사] 선사; 유사(有史) 이전
센시	せんし[戦死][명사][スㅈ자동사] 전사.(→せんびょうし)
센시	せんし[戦士][명사] 전사; '兵士(=병사)'의 미칭
센시	せんし[戦史][명사] 전사
센요	전용 專用
센자이	せんざい[潜在][명사][スㅈ자동사] 잠재(↔반의어顕在)

센자이	せんざい[洗剤][명사] 세제
센조	せんぞ[先祖] 선조
센죠	せんじょう[線上] 선상
센토	錢湯 동네 목욕탕
셋가꾸	せっかく [折角] 모처럼(의)
셋다이	せったい[接待]접대
셋수루	せっする[接する] 접하다 [비법-세수-세수로 손과 얼굴이 잘 접해야해]
소교	->소우꼬
소꼬찌까라	底力そこぢから 저력
소꾸소꾸	사무치는 모양
소꾸도	속도
소뀨교	직업
소나에루	そなえる [備える]준비하다[비법-소나(레이다)+에루살렘-소나를 가지고 예루살렘에 갈 준비를 해야해]
소다쯔	키우다 育[비법-소다옷브랜드로 키워야해] 암기해설: 저렴한 대중 옷 브랜드를 입혀서 키운다
소텐	争点そうてん 쟁점
소또	외부 そと[外][비법-소도는 정치외부 종교지역이어야해]
소로소로	そろそろ 1.슬슬(=しずしず) 2.천천히[비법-소로-소로로 솔솔 산책을 다녀야해]
소리	そり 썰매 [비법-솔리드-고체솔리즈재질의 썰매를 타야해] 암기해설: 안전을 위해서 말이다
소모소모	そもそも[抑] 처음에[비법-소모셋 모음책을 처음에 읽기에 편하다고 봐야해]
소무꾸	そむく[背く·叛く] 등지다[비법-소무각시는 양반과 등지고 춤춰야해]

소비에루	そびえる[聳える] 우뚝 솟다[비법-소비에트+에루메스-소비에트에 에루메스 매출이 우뚝 솟았다고 봐야해]
소사꾸	조작 操作
소소	そうそう[早早] 서두르는 모양[비법-소소한 형제들(정육브랜드)-서둘러서 배송을 해줘야해]
소소구	そそぐ[注ぐ·灌ぐ]1.흘러들어가다 2.(눈물 따위가) 쏟아지다[비법-소소떡복기-국물이 떡에 잘 스며들어가야해]
소오	そうおう[相応] 상응
소우교	創業そうぎょう 창업 (다이소도 창고 창)
소우까이	そうかい [爽快] 상쾌
소우꼬	총합
소유	そうゆう[曾遊][명사] 증유; (일찍이) 가 본 일이 있음
소유	そうゆう[争友][명사] 쟁우(諍友); 충고해 주는 친구
소유	そうゆう[総有][명사] [법률]총유; 각자의 지분(持分)은 정하지 않고 공동으로 소유하는
소죠	そうぞう[想像][명사][スタ동사] 상상
소죠	そうぞう[創造] 창조
소죠	そうじょう[相乗][명사][スタ동사] 상승
소죠	도마 위
소쯔교	そつぎょう[卒業]
소히제이	消費しょうひ税ぜい 소비세
손다이	そんだい[尊大] 거만 존대
손자이	存在そんざい; 존재
솟교	そっきょ[卒去] 죽음
솟구리(1)	そっくり 전부; 몽땅; 모조리; 죄다
솟구리(2)	꼭 닮음 そっくり

솟도	살짝, 가만히
솟센	そっせん[率先] 솔선
쇼게끼	충격
쇼겐	[명사] 証言しょうげん 증언
쇼구센	식기세척기
쇼구센	차려놓은 음식
쇼교꾸	消極しょうきょく 소극
쇼기	장기 將棋
쇼까	소화 消火
쇼까이(1)	しょうかい[紹介] 소개
쇼까이(2)	商会しょうかい.
쇼까이	장해
쇼깐	しょうかん[召喚][명사][스타동사][법률] 소환
쇼깐	しょうかん[消閑][명사] 소한; 파적; 심심풀이
쇼깐	しょかん[所感][명사] 소감; 감상; 마음에 느낀 일
쇼깐	しょかん[所管][명사][스타동사] 소관
쇼껜	증권
쇼꾸도	しょくどう[食堂] 식당
쇼꾸신	しょくしん[触診] 촉진, 손으로 만져서 진료함
쇼꾸힌	食品しょくひん 식품
쇼데	しょて[初手] 최초
쇼다이	쇼다이しょうたい[招待] 초대
쇼데이	しょてい[所定] 소정
쇼뎅	焦点 촛점
쇼도	しょうどう[衝動] 충동
쇼따이	->쇼다이
쇼라이	장래
쇼라이	초래

쇼모	しょうもう[消耗] 소모
쇼모	しょもう[所望]
쇼보	소방
쇼분	しょぶん[処分] 처분
쇼분	しょうぶん[性分][명사][노인어]성분; 천성
쇼분	しょうぶん[小文][명사] 소품문(小品文); 짤막한 문장
쇼비	장비
쇼사이	상세
쇼센	しょせん[所詮] 어차피 필경
쇼센	초선 初選
쇼신	しょうしん[昇進·陞進][명사][スー자동사] 승진
쇼신	しょしん[初心] 초심; 처음으로 배움; 아직 미숙함
쇼죠	象徵 상징
쇼지	작은 일
쇼지	상사
숀보리	しょんぼり 풀이 죽어 쓸쓸히
숏바이	しょっぱい[塩っぱい] 짜다
수치	すうち[数値] 수치
수카이	수회
수킨	출근 出勤
슈	취, 냄새
슈가쯔	終活
슈깐	習慣습관
슈깐	週刊
슈깐	主觀
슈낀	しゅうきん[集金] 집금, 수금
슈노	収納しゅうのう 수납
슈닌	しゅにん[主任] [명사] 1.주임. 2.공무원의 직명의

하나(보통은 사등급(四等給)임)

슈닌 しゅうにん[就任] [명사][スル자동사] 취임(↔반의어 辞任·退任·離任)

슈단 집단

슈뎅 종점

슈반 しゅうばん[終盤][명사] 종반(선거·바둑 따위의)

슈빤 出版 출판

슈쇼꾸 취직

슈이끼 祝儀しゅうぎ 축의

슈쬬 出張しゅっちょう 출장

슈후 主婦しゅふ 주부

슛가이 しゅっかい[出会] 만남

슛쯔멘 熟眠じゅくみん; 숙면

스게베 すけべえ[助平·助兵衛] [명ノナ] [속어] 호색함; 호색가; 색골; 엽색가; 음란하고 상스러움

스겟도 도와주는 사람 助

스구니 すぐに[直ぐに] 곧, 바로

스구루 すぐる[選る] 뽑다 [비법-스구루바-줄줄뽑아내야해]

스구우 구해주다 救

스꾸나이 すくない[少ない·尠い] 적은

스꾸 すく[透く·空く]1.틈이 나다; 틈새가 벌다 2.비다

스께 すけ[助] 도움

스끼 좋아함

스끼 すき[透き]틈

스끼마 빈틈すきま[透き間·空き間·隙間][일반암기-스끼는 비어있는 것을 의미하고 '마'는 간 즉 사이의 의미의 합성어이다]

스끼도오루 すきとおる [透き通る·透き徹る]투명하다[일반암기-

투는 여기서 스꾸 또는 스끼가 되고, 도오루는 통하다는 의미가 되어서 투명함 또는 비침이 통한다는 의미이다]

스나 すな[砂·沙] 모래[비법-스나미-모래바람도같이 일으킨다고 봐야해]

스데루 捨すてる 버리다 [비법-작전상 스데텐지방을 버려야해]

스렌다 スレンダー(slender, 슬렌더) 날씬한

스루 문지르다 비비다 する[擦る]

스루도이 するどい[鋭い] 예리하다

스메루 スメル(smell, 스멜) 악취, 냄새

스무 すむ[住む] 살다

스무 すむ[済む].(일이) 완료되다; 끝나다[비법-스무디킹-스무디킹 알바들이 일을 다 마쳤다고 봐야해]

스밋고 すみっこ[隅っこ] [명사] [구어]구석(=동의어隅) [일반암기-보통 잘쓰는 말인 방구석이라고 하면 'へやのすみっこ[部屋の隅っこ]'이라고 말한다]

스베루 미끄러지다 [자동사] 滑すべる; 滑すべり倒たおれる; 転ころがる[비법-수배로 인생이 미끄러졌다고 봐야해]

스야스야 すやすや [부사] 편안히 자는 모양 : 새근새근 [일반암기-색색이 스야스야]

스에 막내 すえ[비법-수애는 순례공연단의 막내라고 봐야해]

스와루 すわる[座る·坐る] 앉다[비법-수화루 앉으라고 해야해]

스웃도 쑥 가벼이 움직이는 모양 すうっと

스이까 수박[일반암기1-수 2와 수박: 물이 두 번째로 많기

로] [일반암기2-과(일)는 과(일)인데 물(수)가 많은 과일]

스이또	スイート(sweet) 스위트
스이미쯔도우	水蜜桃すいみつとう; 물복숭아
스이븐	すいぶん[水分] 수분
스이산부쯔	すいさんぶつ 수산물
슷가리	죄다, 모두 [암기-미숫가루 죄다 모두][비법-슷갈이 전부 모였다고 봐야해]
슷기리	산뜻하게 [비법-스킬이 있어서 산뜻하게 해야해]
시가꾸	しかく[四角][명ノナ] 사각
시가꾸	しかく[資格][명사] 자격
시가꾸	しかく[視覚][명사] 시각 (=동의어視感)
시가꾸	しかく[死角] 사각
시가다	->시까다
시가루	しかる[叱る][5단활용 타동사] 꾸짖다; 야단치다 [가능형]しか-れる [비법-시가루 야단을 쳐야해] 암기해설: 담배를 피웠기에 야단을 친다
시가미쯔꾸	しがみつく달라붙다
시가쯔	しがつ[四月][명사] 사월 (→うづき(卯月))
시가쯔	しかつ[死活][명사] 사활; 생사
시게미	しげみ[茂み·繁み]무성함, 우거짐, 숲[일반암기-시게루에서 나온 말이기에 이는 숲의 의미로 발전][비법-시게이트드라이브에 디스크가 무성하다고 봐야해]
시겐	시험
시고	사후
시군	사군 스승의 경칭
시까꾸	しかく [資格]자격

시까다	하는 방법 しかた 仕方 [일반-시가다 나이로 외울 수도 있고, 이 말 자체가 하는 방법이다]
시까다나이	しかたない [仕方無い]할 수 없다 [일반-시가다를 외운다]
시꼬	しこう[思考]1.사고 2.생각; 생각함
시꼬	しこう[施行][명사][ス타동사] 시행; 실시
시꼬	しこう[志向][명사][ス타동사] 지향
시꼬	しこう[嗜好][명사][ス타동사]기호 (=동의어たしなみ·趣味·好み)
시꼬	しこう[試行][명사][ス타동사] 시행
시끼모	しきもう[色盲] 색맹
시낀	자금
시나가라	しながら[品がら·品柄] 품격
시나레루	しなれる[し慣れる·為慣れる·為馴れる](자주)해서 익숙해지다; 숙달되다; 무르녹다 [비법-시나위-연주를 많이 해서 익숙혀졌다고 봐야해] 암기해설: 거기서 서태지도 나오고 말이다
시노부	しのぶ[忍ぶ] 몰래하다 {은밀, 비밀, 몰래}-종합 [비법-시노팩스의 필터는 몰래 물을 조용히 흘려야 해]
시따	した 舌 혀 [벽에][비법-시다(부하, 따까리 下)는 혀 조심 입조심을 해야 해]
시라나이	しらない[知らない] 모른다
시라베루	しらべる [調べる] 조사하다
시로	しろ[城]성, 남이 들어가는 것을 허용 않는 자기만의 영역 [비법-시로코로 성을 쌓아야해]
시리	尻しり 엉덩이 [비법-시리영화에서 엉덩이를 의자에 대고 앉아야해] 암기해설: 시리영화의 마지막

	인상적 라스트신이다
시모	아래 [일반-바벨2세]
시미	검버섯; 기미; 오지(汚池).[나의 신체][기미와 시미가 발음 비슷]
시미루	しみる[染みる·滲みる]스며들다[비법-시미캔영화가 청소년들에 스며들었다고 봐야해]
시부꾸	しぶく[重吹く·繁吹く]물보라 치다
시쇼	ししょう[支障] 지장
시아게	しあげ[仕上(げ)]마무리 [비법-씨야-씨야 일본 공연 마무리해야해] 암기해설: 이제는 씨야도 나이가 들어서 일본 공연은 더 이상 안 한다
시아게바스	마무리하다
시아이	시합 しあい[試合·仕合]
시아이	しあい[仕合][명사] 맞행동을 함
시아이	しあい[私愛]1.편애 2.은밀한 사랑
시아이	しあい[至愛][명사] 지애; 지극한 사랑
시야꾸쇼	しやくしょ[市役所]
시요	방법 [仕様]
시요우	しよう[使用] 사용, 용도, 방법 [암기-도우시오우모우나이]
시이꾸	しいく[飼育] 사육
시젠	しぜん[自然] 자연
시죠	시장
시즈무	しずむ[沈む]1.가라앉다 (↔반의어浮く·浮かぶ) 2.(해·달이) 지다.(↔반의어昇る)
시쯔게	しつけ[仕付け][명사] 1.(躾) 예의범절을 가르침 2.(재봉에서) 시침질; 또, 그 실. 3.모내기; 모심기; 또, 재배(栽培). しつけ[躾] [명사] 예의범절을 가르침

시쯔몬	質問 질문
시찌	しち[質] [명사] 전당물 (=동의어質物·かた)
시찌	しち[死地][명사] 사지
시찌	아버지
시카모	しかも[然も·而も]게다가
신	심 心
신겐	しんげん[震源][명사] 진원
신겐	しんげん[箴言][명사] 1.잠언 2.훈계(訓戒)의 말[구(句)]
신겐	しんげん[進言] [명사][スㅏ동사] 진언 (=동의어具申)
신겐	しんげん[森厳][명ノナ] 삼엄; 매우 엄숙한 모양
신고	신호
신고	신어 신조어 新語
신고	しんこ [新香](새로 담근) 채소 절임
신교꾸	新曲しんきょく신곡
신끼	新規しんき신규
신끼	しんき[神気] 신기
신끼	しんき[心気][명사] 심기; 마음
신끼	しんき[新奇][명ノナ] 신기; 새롭고 기묘함
신낀	しんぎん[呻吟][명사][スㅈ동사] 신음
신낀	しんきん[親近][명사][スㅈ동사] 친근; 친밀함
신낀	しんきん[宸襟][명사] 신금; 천자의 마음(한문투의 말씨)(= 동의어叡慮)
신낀	しんきん[心筋][명사] 심근; 심장의 근육
신다이	しんたい [身体] 신체
신사꾸	新作しんさく신작
신사이	しんさい[震災] [명사] 진재; 지진에 의한 재해(災害)
신세시스	シンセシス(synthesis, 신서시스) 통합
신소	진상 眞想

신쇼꾸	しんしょく[新色] 참신하다
신쇼꾸	しんしょく[浸食·浸蝕] 침식
신요	신용
신죠	しんじょ[神助] [명사] 신조; 신의 도움
신죠	しんじょ[寝所]잠자리, 침소
신죠	심장
신죠꾸도	しんちょくど[進捗度] 진척률
신즈루	しんずる[信ずる] 믿다
신지	しんじ[心事] 마음에 두는 일
신지쯔	しんじつ[真実] 진실
싯까리	しっかり[確り·聢り] 단단히 확실하게 [일반암기-원래 確은 다시까인데 거기서 '다'가 생략된 것]
싯도리	しっとり 촉촉하게
싯바이	しっぱい[失敗] 실패
싯뽀	꼬리[비법-시보는 꼬리 같아야해]
싯비쯔	집필
싸이까이	->사이가이
싸이따	최다
쓰고꾸	すごく[凄く] 상당히 몹시[쓰고이에서]

아 Part

아가리	あがり[上がり]오름
아게꾸	끝 あげく[揚(げ)句·挙(げ)句]{시작 끝}
아게루	오르다
아게루	비우다
아게루	밝아지다
아까루이	밝은
아끼	가을 あき [秋][일반암기-옷 중에서 추동복이라고 하면 아끼후유모노あきふゆもの [秋冬物]즉 추동복; (의류업계에서) 가을·겨울용 의복]
아끼라메루	あきらめる[諦める]체념하다, 단념하다
아끼바레	あきばれ[秋晴(れ)] 가을의 쾌청한 날씨
아니	あに[兄] 형, 오빠
아다리마에	あたりまえ[当(た)り前] 일상적인 일
아다다까이	따뜻하다
아다다메루	あたためる [暖める·温める] 데우다[아다다까이에서]
아다리 (1)	あたり[当(た)り]1.(손·혀에 닿는) 촉감; 감촉(느낌·맛) 2.사귀는 품; 붙임성 3.짚어 봄 [일본에서 본 광고]
아다리 (2)	あたり[辺り] [명사] 1.근처; 부근; 주변; 언저리
아도	あと[後] 뒤
아도	あと[跡] 유적(遺蹟)
아도가다쯔게	後片付あとかたづけ; 설거지
아라가따	あらかた[粗方] 대강, 대충[비법-아라모드-아라모드는 큰 치수로 대강해도 멋있게 나온다고 봐야해]
아라소우	싸우다 争あらそう[비법-아라문의검-에서 서로 싸운다고 봐야해] 암기해설: 그러니 이런 무협드라마 이름이 아라문이라고 보면 된다

아라시 あらし[嵐] 폭풍우 [일반암기-폭풍우 아라시라고 하는 일본 아이돌 그룹이 있었다]

아라와레루 あらわれる [現(わ)れる·表(わ)れる·顕(わ)れる]나타나다

아루꾸 걷다(歩く])[즐겨부르는 노래]

아리 있음

아리 개미

아마 あま-[天] '하늘'의 뜻

아마 あま-[雨]

아마이 あまい[甘い]달다

아메 あめ[雨] 비

아세 땀

아세루 あせる[焦る] 안달[애타]하다[비법-아세안국가-중국 미국이 아세안국들을 안달나게 한다고 봐야해]

아소고 あそこ[彼処·彼所] 거기

아스 내일 あす[明日]

아시 あし[足] 1.발 2.(사람·동물의) 발 3.(발)걸음

아시 あし[悪し] 1.[아어(雅語)]나쁘다 (=동의어 悪い) 2.좋지 않다 3.못되다; 악하다

아시 あし[蘆·芦·葦·葭] [명사] [식물]갈대.(=동의어よし)

아시다 あした[明日] 내일

아시다 아침

아와 あわ[泡·沫]거품[비법-아와지시마의 거품은 유명하다고 봐야해]

아와데루 あわてる [慌てる·周章てる] 당황하다[비법-아와세 된장-된장의 이름이 아와세 놀라울 맛이다]

아와세루 あわせる[合(わ)せる] 맞추다

아와수 만나다

아와수	짝짓다
아우	会あう 만나다
아우	만나다 逢
아이다	あいだ[間]사이[비법-아이다는 나라사이에서 갈등해야해] 예문)그때 間(고노 아이다)
아이다이	あいたい[相対] (일을) 당사자끼리만 함, 합의(合意)
아이떼	相手あいて
아이요샤	애용자
아이쯔라	녀석들[비법-아이들아(아이즐아) 녀석들아]
아쟈라	あじゃら[戱] 농담
아즈까루	あずかる[預(か)る] 1.맡다 2.(남의 것을) 보관하다. [비법-아주까리를 맡아서 냄새가 난다고 봐야해]
아즈끼	あずき[小豆]쌀
아지	맛
아지	전갱이 [일반-일본의 조미료에는 아지노모노라는 말이 쓰인다. 아지라는 말이 맛이기 때문이다. 그런데 보통의 국물에는 전갱이말린 것을 많이 쓰기도 하니 중의적으로 암기]
아지와이	あじわい[味わい] 맛있는
아쯔마루	あつまる[集まる] 모으다 [비법-아주아이비투자+마루베니상사-아주아이비투자가 마루베니주식을 모았다고 봐야해]
아히루	오리
앗도	圧倒あっとう 압도
앗도이우마니	あっというまに[あっという間に] 눈 깜짝할 사이에 [일반-앗하고 그 순간에의 의미이다]
야	や[矢·箭] 화살(화살 시)
야가테/야가떼	[聽て] 이윽고 (출처 やがて誰かと戀におちても

야가테다레카토코이니오치테모 이윽고 누군가와 사랑에 빠져도(저스맨인럽)) [비법-약아(부드러운 새싹) 이 이윽고 무성해진다고 봐야해]

야꾸 역 役

야꾸소꾸 약속

야꾸인 역원, 임원

야끼 산양 山羊やぎ [비법-야기에워왕조(리투아니야)-산양을 왕조의 마스코트로 써야해]

야네 やね[屋根] 지붕, 덮개(옥근)

야도 やど[宿·屋戸] 사는 곳

야레야레 やれやれ [감동사]1.매우 감동하여 내는 소리 2.안도하거나 실망 또는 피로했을 때 내는 소리: 아이고, 맙소사

야루수 ゆるす [許す] 용서하다

야리 やり 창으로 찌르는 것, 삽입 [일반-やる(遣る) 보내다에서 왔다고 생각해도 된다]

야리따이 해보고 싶다(야루의 변형) 야루에 다이가 결합

야리망 やりまん 걸레, 몸을 함부로 다루는 여자

야미 어두움, 어두운 상태

야바이 やばい [형용사] [속어](들키거나 잡힐 염려가 있어) 위태롭다; 위험하다 [비법-야바위는 위험하다고 봐야해]

야보 やぼ[野暮] 멋이 없음

야부레루 敗やぶれる 지다(아부레루는 물먹다 임에 구별조심) [일반-야부리는 지게 한다: 야부리는 거짓말이라는 속어, 그래서 야부리를 하면 승부에 지게 된다][그래서 아부레루는 비교해서 암기: 아부를 하면 (승진에서) 물을 먹는다]

야사시이	やさしい[優しい][형용사]1.온순하다;(마음씨가) 곱다; 상냥하다; 다정하다; 숙부드럽다 2.아름답다; 우아하다 [문어형][シク]やさ-し
야사시이	やさしい[易しい]쉽다
야스다	安田
야스모노	싸구려(야사시이에서 왔음)
야와라카이	やわらかい[柔らかい] 부드럽다
얏도	やっと 간신히 [비법-'야도'(술래잡기 놀이)해서 간신히 성공했다 봐야해]
얏바리	'やっぱり' 역시
얏쯔게루	やっつける [遣っ付ける] 해치우다[일반-두개의 합친 의미로 보면 그 의미가 나오기도 한다]
에꾸보	えくぼ [笑くぼ·笑窪·靨] 보조개 [일반-여기서의 웃을 소는 와라우의 훈독도 있고 에무의 훈독도 있다. 이는 후자에서 나온 것이다]
에끼쇼	액정
에단	가지 枝 えだ
에루	える[選る] 선택하다 [비법-에루식전기로를 선택해야해] 암기해설: 에루는 프랑스 엔지니어
에루	얻다
에루	える[彫る] 새기다
에사	えさ[餌] 모이; 먹이; 사료.(=동의어え)
에이가	영화
에이가사이	映画えいが祭さい 영화제
에이교	영향
에이엔	永遠えいえん 영원
에이조	영상
에이유	えいゆう[英雄]영웅 [뮤지컬]

에혼	えほん[絵本] 그림책[일반-여기서의 그림 회(絵)자 자체가 음독으로 에 이다]
엔도쯔	えんとつ[煙突] 굴뚝
엔따메	エンタメ 엔터테인먼트
엔분	えんぶん[塩分][명사] 염분(=동의어塩気)
엔분	えんぶん[艶聞][명사] 염문
엔이끼	연역
에이세이	위생
엔가와	えんがわ[縁がわ·縁側] 툇마루(=동의어えん·えんさき)[일반-여기서의 엔은 인연을 의미한다. 가와는 측면 즉 사이드이다. 그럼 주된 부분과 연결이 되는 사이드니까 툇마루이다.]
엔도	えんどう[豌豆] 완두
엔슈츠	연출(演出)
엔죠	연장
엔지	えんじ[園児] 유치원 원아
오	お [尾] 꼬리
오가미	おかみ[内儀·御内儀 1. 남의 아내(주로 상인(商人)의 아내) 2.[속어]마누라; 여편네.(=동의어かかあ·妻·細君)
오가무	おがむ[拝む] 절하다 [비법-오가닉식품으로 제사상 차리고 절 해야해] 암기해설: 이왕이면 몸에 좋은 걸로 말이다
오가사와라	おがさわら[小笠原] 일본의 성씨
오가스	범하다 おかす [犯す][비법-오가리손님(항아리로 마시러오는 손님)이 여주인을 범했다고 봐야해]
오가시	おかし[お菓子] 과자
오구루	보내다(送) [일반-오구루반또-보내기번트]
오까시이	おかしい[可笑しい] 이상하다[비법-오가작통법(조선

때의 통제제도)는 이상하다고 봐야해] 암기해설: 천주교의 탄압에도 활용되고 했다.

오꼬루	おこる[怒る] 화내다 {분노 화}
오꼬루	おこる[起(こ)る] 일으키다, 발생하다
오꼬루	おごる[奢る] [5단활용 자동사] 사치하다 [5단활용 타동사] 한턱내다 [가능형]おご-れる[하1단 자동사]
오꼬루	おごる[驕る·傲る] 1.거만[오만]하다; 교만하다. 2.우쭐해지다
오꼬루	おこる[興る] [5단활용 자동사] 흥하다; 일어나다 {융성 번성 번영}
오꼬시	おこし[お越し][명사] 가심; 오심; 왕림; 행차(行次)
오꾸	두다 おく[置く]
오꾸	억 億おく
오끼루	일어나다 起 {일으키다, 자극, 선동} (소리 혼동: 오꾸 오끼루 오루)
오니	おに[鬼] 귀신
오데기	おでき[お出来] 종기
오데기	썩 잘됨
오데꼬	[명사] 이마(=동의어おでこ) 히다이도 동의어ひたい[額][비법-오데마피게-다른 명품시계에 비해서 이마처럼 넓적하다고 봐야해]
오도	왕도
오도나	성인
오도나시이	어른스럽다
오도꼬	おとご[乙子] 막내[일반-일본은 남아선호가 커서 막내는 남자로 본다는 식으로 외워두자]
오도꼬	남자
오도도시	おととし[一昨年] 재작년

오도로꾸　　おどろく[驚く·愕く·駭く] 놀라다

오도스(1)　　おどす[脅す·威す·嚇す] [5단활용 타동사] 으르다; 위협하다; 협박하다; 등치다.(=동의어おどかす)[가능형]おど-せる

오도스(2)　　おとす[落(と)す] 떨어지다

오도시　　かかし; 威おどし 허수아비

오도우도　　동생 弟 [일반-이모우또를 외우면서 같이 외운다]

오또　　音おと 음 소리 [비법-명품차는 오토매틱기아를 움직일 때 오또소리가 나야해]

오또　　[乙·弟] 남동생; 여동생.(↔반의어え(兄))

오또또이　　おととい[一昨日] 그저께

오레　　나

오레루　　折おれる 부러지다

오로가　　おろか[愚か] 어리석음

오로스　　おろす [降ろす] 내리다

오루 おる[居る] 오리마생 안계십니다 (소리 혼동: 오꾸 오끼루 오루)

오루　　짜다 織 [일반-올을 짜다]

오리데구루　　降おりて来くる 내려오다

오리모노　　おりもの[織物] [명사] 직물

오리모노　　おりもの[下り物] 월경

오리루　　내려오다 降 [일반-유관순 영화에서]

오마게니　　おまけに[お負けに] 게다다[일반-오는 붙이는 접두사, 마게루는 부담주다, 더하다, 빚지다가 되어서 더해서라는 의미가 된다]

오메이　　오명

오모데나시　　お · も · て · な · し[お持て成し] 환대

오모우　　생각하다

오모이　　무겁다

오모이	생각
오못데 구다사이	오모스(되돌려)주십시오
오보레루	溺 おぼれる 빠지다 {습기 물 건조}[비법-오보(다섯 가지 보물)+마들레르(빵)-오보와 맛있는 마들레르 빵에 빠지게 된다고 봐야 해] 암기해설: 호화로운 생활에 빠지다
오보에루	기억하다 느끼다 覚 [비법-오보에-소리에 느낌을 가져야 해]
오비	おび[帯] 띠 [비법-오비(OB)맥주에 전통에 띄가 달려서 인쇄되어야해]
오사끼	앞서의 공손한 말
오사나이	おさない [幼い]어리다, 유치하다 [비법]오사나이가 오루(신극운동의선구자)-신극이유치하다고 여겨졌다고 봐야 해] 암기해설: 그래도 잘 신극운동을 해냈다
오사에루	누르다 押おさえる. [비법-오사운동이 사람들의 신문화를 눌러 자극했다 봐야해]
오샤루	おっしゃる[仰る·仰有る] 말씀드리다
오샤레	おしゃれ[御洒落] 한껏 멋을 부리다
오세끼	おうせき[往昔] 과거, 옛날
오세이	おうせい[旺盛] 왕성
오소이	おそい[遅い]늦다[비법-오소녀-준비가 너무 늦었다고 봐야해]
오소자끼	おそざき[遅咲き] 늦게 핌
오스	밀다 押
오스스메	추천 [일반-밀어넣는 것이니]
오시	밀기 おし[押し]밀기
오시나가루	おしながす[押(し)流す] 흘러가게 하다

오시데	おして[押して] 강제로 무리하게
오시로	お城しろ 성[비법-시로가 성이므로 그 단어로 외운다; 거기에 오가 붙은 형태]
오시무	惜おしむ 아끼다 [비법-오시리스(대지의신)-오시리스가 이집트인들을 아꼈다고 봐야해]
오시에루	가르쳐주다. 예시문: 그룹 퀸 노래 愛しき 教えを抱き (Itoshiki Oshie o idaki)"
오시이	おしい[惜しい] [비법-오시멘(나폴리선수)-아깝다, 오시멘의 슛, 오시멘의 슛이 아깝다고 봐야해]
오야스미나사이	おやすみなさい 안녕히 주무세요
오오가미	おおかみ[狼] 이리, 늑대, 승냥이
오오꾸	おおく[多く]많음, 많은 것
오오끼꾸	おおきく[大きく]크게
오오노	おおの[大野] 오오노
오오제이	おおぜい[大ぜい·大勢] 많은 (수의) [일반-이 단어는 크다의 오오 大와 세력을 의미하는 勢가 음독으로 결합한 단어이다]
오와레루	追おわれる 쫓기다
오와비	おわび[お詫(び)] 사죄의 말
오와스	おわす[御す·任す·御座す·在す] 있습니다, 있다의 존경어
오와지루	はじる[恥じる·羞じる·愧じる] 부끄러워하다[비법-오아시스레코드-현대를 따라가지 못함을 부끄러워해야해]
오요구	およぐ[泳ぐ·游ぐ] 헤엄치다[비법-오욕칠정-안에서 사람들은 헤엄치고 산다고 봐야해]
오요부	およぶ[及ぶ] 닿다, 미치다[비법-오요노(카메론작가, 프랑스 비판)-프랑스를 뚫고서 세계 사람들에게 닿

아야해]

오요시나사이	맙소사[일반-요스는 'よす[止す] 중지하다, 중단하다'의 의미를 가지기에 일반어인 '오'와 해달라는 의미인 나사이가 붙어서 '하지 말아달라'는 기원문이 된다. 그래서 맙소사가 된다]
오우데	おうて[王手][명사] 1.(장기에서의) 장군 2.상대를 궁지에 몰아넣는 마지막 수단
오우메이	왕명
오우샤	왕자
오우지	왕자
오지기	오지기 おじぎ[御辞儀] 1.(머리 숙여) 절함; 인사함 2.사퇴; 사양 {미안, 사과, 감사, 칭찬, 인사}
오지기	おじき 아저씨('おじ'의 높임말; 친밀하게 부르는 말)
오지지가에리	お持ち帰り 테이크아웃
오쯔리	おつり[お釣(り)] 거스름돈
오카	언덕 岡 [일반-후쿠오까가 복이 흐르는 언덕으로]
오하나	おはな[お花]꽃꽂이
오후로	おふろ[お風呂]
온나	온나 [나의 유저-征服された女たち]
온세이	音声おんせい 음성
옷도	남편 夫
옷샤루	おっしゃる[仰る·仰有る]
와	-わ[羽] 새·토끼 따위를 세는 말 : 마리
와가라우	わずらう [煩う] 고민하다 [비법-와가야노(텐트브랜드) 텐트를 살지를 고민해야해] 암기해설: 텐트는 정말로 목숨과 관계가 되기에
와갓데	わかて[若手][명사] 한창 때의 젊은 사람; 젊은 축
와게루	벗겨지다 [일반-벗기다 와루 이니까]

와까	젊음
와까루	알다
와까모노	젊은이
와까이	젊다 若 {어리다, 젊다, 늙다}
와까이	파괴
와다리도리	渡わたり鳥どり; 철새 [일반-이것은 그냥 외울 필요없이 뜻이 연결이 된다]
와다스	わたす[渡す] 건네주다[일반-와다나베부인]
와라와라	어지러운 모양'와라와라 어지럽다(미나엄마)'
와라우	웃다 笑 わらう-세세라와라우도 참조 예시문: 笑いなよ 와라이나요. 웃어봐(긴기라기니노래)
와루	わる[割る·破る] 나누다 벗기다
와루이	わるい[悪い] 나쁘다
와비루	わびる [詫びる] 사과하다
와소	일본복장
와쇼	わしょ[和書] 일본어로 쓴 책
와스루	和 잘지내다
와시	독수리
와시	나. 예문: 와시니모 나에게도
와이세쯔	わいせつ[猥褻] 외설
와자도	わざと[態と] 일부러, 고의로
와즈까	불과
완꼬	わんこう[わん公] 개를 의인화
요규	요구 要求
요기	ようぎ[容疑] 용의
요닌	容認ようにん 용인
요로고부	よろこぶ[喜ぶ·歓ぶ·悦ぶ] 즐거워하다
요리다스	よりだす[より出す·選り出す] 골라내다

요리미찌 よりみち[寄(り)道] 가는 길에 들림

요메 よめ[嫁] [명사]1.며느리. 2.신혼 여성.[비법-요메이 슈를 며느리를 잘 대접해야해]

요보 예방 豫防

요부 呼よぶ 부르다

요사이 여죄

요소 양복복장

요소 예상

요쇼 ようしょ[要所] 1.요소 2.요점

요쇼 ようしょ[用所]

요세이 ようせい[要請] 요청

요세이 ようせい[養成] 양성

요스 ようす[ようす·様子·容子] 모양

요스 よす[止す] 중지하다, 중단하다

요시 吉 요시. 예시문: 요시노야 よしのや 吉野家

요와무시 겁쟁이 弱虫

요와이 よわい[弱い] 약하다 [일반-요와무시가 겁쟁이이다]

요아게 夜明け 새벽 [일반-요는 밤의 의미이고, 아게는 밝아지다, 열다이니까 새벽이 된다]

요우 1.(酒さけに)酔よう. 취하다 [비법-요우티아오-대만인들은 요우티아오에 취했다고 봐야해] 암기해설: 정말 많이 먹음을 의미한다

요우니 같이

요우니 ように[陽に] 드러내놓고[일반-여기서의 요우는 양즉, 태양양 또는 해 양의 뜻이다. 그래서 멀건 대낮에 드러내고 보여준다는 의미를 가진다]

요우니 어려서부터 幼

요우스 様子 ようす 요우스 상황[일반-이 말은 상황이라는

말로 자주 나오는 표현인데, 요는 양, 스는 자를 발음한 것이다. 그래서 음독합성어로 보면 된다]

요우야꾸	ようやく[漸く] 간신히(점점)
요우이	용의 준비 ようい[用意] [일반-이 말은 말 그대로 풀어주는 것이다]
요우후구	ようふく[洋服] [명사] 양복(↔반의어 和服)
요이샤	용의자
요진	(ようじん､用心) 주의 (예: 도둑놈 주의)
요쯔요쯔	아장아장
욘다이	よんだい[四大] 4년제 대학
욘반	4번 四よん番ばん
우세루	うける[受ける] 받다, 접수하다 [비법-우게츠이야기 보자고 사람들게 접수받아야 해] 암기해설: 50년대 일본고전영화
우게즈게	접수 受付
우까부	うかぶ [浮(か)ぶ] 떠오르다 [비법-우가돈가는 떠오르는 프랜차이즈라고 봐야해]
우까수	うかす[浮かす] 띄우다, 기분을 올리다[비법-우까부와 같이 해서 외운다]
우다	노래 [암기-우다우가 노래 부르다]
우다가우	うたがう[疑う] 의심하다[비법-우다위(거간꾼)-유능한 우다위는 의심을 잘 해야해]
우다고에	うたごえ[歌声] 노랫소리
우다우	노래부르다 [일반-우다 자체가 노래라는 뜻. 그래서 노랫소리도 우다고에가 되고 있다]
우데즈꾸	うでずく[腕ずく·腕尽く] 완력을 행사함 [종교-우데즈꾸만게(조그마한게의 사투리) 완력을 행사해; 교회 안에서의 가벼운 말다툼]

우라나이시　점쟁이 うらないし[占い師·卜師]

우라야마시　うらやましい[羨ましい] 부러워하다, 샘나다 [일반-羨는 부러워할 선의 단어이다][비법-우라누스-하늘의신인 우라누스를 다 부러워한다고 봐야해]

우라야무　うらやむ 羨 부러워하다, 샘내다[비법-우라야마시에서 같이 암기한다]

우레시이　うれしい[嬉しい] 기쁘다

우루사이　うるさい[煩い·五月蝿い] 시끄럽다, 번거롭다, 귀찮다 [비법-우루사-우루사먹은 사람이 활력이 나서 시끄럽다고 봐야해][일반-여기에서의 さばえ(五月蝿)는 초여름에 끼는 파리들을 말한다. 얼마나 귀찮은가]

우리아게다까　매상고

우마구　うまく[旨く] 잘

우마레루　태어나다

우메루　묻다 うめる[埋める] [비법-우메보시가 바로 그렇게 묻어서 절인 것이다]

우무　うむ[生む·産む] 1.(아이·새끼·알을) 낳다. 2.(없던 것을) 만들어 내다. [가능형]う-める[하1단 자동사]

우무　うむ[有無] [명사] 유무

우무　うむ[倦む] [5단활용 자동사] 싫증나다; 지치다 {지치다, 짜증나다, 피로}

우무　うむ[膿む] [5단활용 타동사] 곪다(=동의어化膿する

우무　うむ[熟む] [5단활용 자동사] (과일이) 익다 (=동의어 熟れる)

우사　うさ[憂さ] 근심

우사기　うさぎ[兎·兔] 끼

우소쯔기　うそつき[嘘吐き] 거짓말쟁이

우스구라이	うすぐらい[薄暗い] 좀 어둡다, 어두침침하다[일반-우스이는 얇다고, 구라이는 어둡다는 의미. 두 개의 합성어]
우스이	うすい[薄い]얇다[비법-우스겔(몽고머리장식)은 얇게 해야해]
우시나우	잃다(失) 선거에 많이 나오는 표현[비법-우시장+나우정밀-나우정밀이 우시장 즉 소유통에 뛰어들어서 많이 잃었다고 봐야해]
우시로	うしろ[後ろ] 뒤
우에지니스루	飢うえ[かつえ]死じにする 굶어죽다 [일반-우에루와 시누 즉, 죽다가 결합]
우와사	うわさ[噂] 소문, 풍문
우에루	심다 植 [비법-우애설화-형제들에게 우애설화를 심어야해]
우에루	굶다 飢 [비법-우애결혼-을 해서 밥을 안해줘서 굶는다고 봐야해]
우즈마끼	うずまき[渦巻(き)] 소용돌이(치기) [일반-渦는 소용돌이와]
우쮸	うちゅう [宇宙] 우주
우쯔구시이	うつくしい [美しい] 아름답다[비법-타이거우즈 굿의 아름다운 샷을 한다고 봐야해]
우쯔노미아	うつのみや[宇都宮] 도시이름
우쯔루	うつる[写る] 비추다 {빛나다}
우쯔루	이동하다 移 {옮기다, 이주하다}
우쯔수	写 그리다 {쓰다}
우쯔수	うつす[移す][5단활용 타동사]1.옮기다 2.자리를 바꾸다
우쯔수	うつす[映す][5단활용 타동사] (거울·물 위·스크린 따위에 모습·모양·그림자를) 비치게 하다

우쯔수	うつす[撮す][5단활용 타동사] (사진을) 찍다[박다]; 촬영하다
유구에	ゆくえ[行方]행방
유꼬	ゆうこう[有効] [ダナノ] 유효; 유익(↔반의어無効)
유꼬	ゆうこう[友好] [명사] 우호
유꼬	ゆうこう[有功] [명사] 유공
유라유라	ゆらゆら[부사] 비교적 가벼운 것이 천천히 흔들리는 모양: 한들한들; 흔들흔들; 하늘하늘 [비법-최유라-방송에서와 달리 홈쇼핑에서는 말투가 흔들린다고 봐야해]
유루	ゆる[揺る] 흔들다 [비법-유라유라와 같이 해서 외운다]
유루수	ゆるす [許す] 1.허가[허용]하다; 허락하다. 2.(본디, 免す·赦す로도) 용서하다 [비법-유루니온을 6개국만 만드는 것에 대해서 유로가 허가해야해]
유비부에	ゆびぶえ[指笛] 손가락을 입에 넣어 피리 비슷한 소리를 냄; 또 그 소리
유센	ゆうせん[優先][명사][ス자동사] 우선
유센	ゆうせん[有線][명사] 유선
유센	ゆうせん[遊船]1.선유(船遊); 뱃놀이 2.유선; 놀잇배
유아미	ゆあみ[湯あみ·湯浴み] 목욕(아어)
유우	저녁 석
유우가따	ゆうがた[夕方] 석양 [일반-두 개가 합성어이다]
유즈루	ゆずる[譲る] 물려주다, 양도하다[비법-유주류: 이제는 나도 나이가 들어서 왕자자리 양보해야해] 암기해설: 김연아처럼 말이다, 유즈류도 나이가 꽤 들었다
유진	ゆうじん[友人]친구

유찌엔	幼稚ようち園えん
유다가	ゆたか[豊か] 풍부함[비법-유다가 돈은 풍부하다고 봐야해] 암기해설: 예수님을 배신했으니
유리	백합 (百合) [비법-유리(소녀시대) 백합 같은 하얀 얼굴]
윳구리	천천히 푹 ゆっくり 천천히[비법-간유구-덩어리가 크니까 천천히 삼켜야해]
윳다리	ゆったり 헐겁게; 낙낙하게, 여유 있게 [비법-유다신드롬-헐거이 되어 있어서 유다신드롬이 생긴다고 봐야해]
이가무	いがむ[啀む] 으르렁 거리다
이가세루	살리다 活 [비법-이가탄+세루멘-이가탄을 먹으니 귀지가 새로 난다고 봐야해]
이가이	いかい[厳い][형용사]1.거칠다; 용맹하다 2.크다; 많다; 대단하다 [부사] 심히; 매우 [비법-이가 (마을에서 떨어진 집)-살림살이가 거칠다고 봐야해]
이가이	いかい[位階][명사] 위계 (=동의어位)
이가이	いかい[遺戒·遺誡][명사] 유계; 유언; 유훈
이가이	いかい[医会][명사] 의사회; 의사들의 모임
이가이	いかい[医界][명사] 의계; 의학계
이가이	의외
이게루	いける[生ける·活ける][노인어]살리다; 살게 하다 (=동의어いかす)
이게루	いける[行ける] 상당히 잘하다; 상당하다
이게루	いける[埋ける] (파)묻다
이게루	いける [오사카 방언] 괜찮다大丈夫와 같은 의미
이구쯔	いくつ[いくつ·幾つ] 몇 개[비법-이구-이구는 구쯔 몇 개 신고 엠아이티 다녀야해]

이까루	화내다
이까이	いかい[厳い]용맹하다 대단하다
이깐(1)	いかん[遺憾][명ノナ] 유감
이깐(2)	いかん[如何·奈何][명사] 여하
이께나이	いけない [不可ない]좋지 않다; 나쁘다 [비법-이개-이개의 나이가 좋지 않은데 죽어야해] 암기해설: 나이를 보고 살려둘 수도 있지만 피치 못하게 죽여야 했음을 말한다
이꼰	원한, 유한
이끼	숨 いき[息]
이끼	생활, 삶
이끼가에루	いきかえる[生(き)返る] 되살아나다 [일반-말을 풀어보면 생명 또는 생기가 돌아온 것이다. 그러니 되살아난 것이다]
이까가쯔	생활
이끼나리	갑자기 いきなり[行き成り][일반-이는 갈 행자를 쓰고 나리는 이룰 성이니 갑자기 행해짐이 된다는 의미이다]
이끼오이	いきおい[勢い] 세력, 기운참, 기세 [비법-이기붕: 부통령의 세를 보여서 부정선거 해야해] 암기해설: 심판의 철퇴를 맞다
이나고	イナゴ(蝗) 메뚜기
이나스	いなす[往なす·去なす] 돌려보내다, 다른데로 보내다
이나이	いない[以内] 이내
이네	いね[稲] 벼
이노	いのう[異能] 남다른 재능
이노루	いのる[祈る·禱る]빌다 [비법-이노우에-철봉에서 떨어지지 않기를 빌어야해]

이노시시	いのしし[猪] 멧돼지
이다스라(1)	いたずら[悪戯]1.(짓궂은) 장난; 못된 장난 2.몸가짐이 헤픔 3.자기가 한 짓의 겸사말 [일반-원래 '이다스라'는 徒자에서 나온 말, 그게 이걸로 변형]
이다스라(2)	いたずら[徒][ダナ][아어(雅語)] 쓸데없음;헛됨;무익함
이도	井戸いど 우물[일반-이는 우물 정]
이도	いと[糸] 실
이도	いと[意図][명사][スㅌ동사] 의도
이도우	いとう[厭う]1.싫어하다 2.아끼다; 소중히 하다
이따구	いたく[委託][スㅌ동사] 위탁
이따구	いたく[依託][명사][スㅌ동사] 의탁
이따구	いたく[痛く·甚く][부사][아어(雅語)] 대단히, 몹시(大変)
이따구	いたく[居宅][명사] 주거(住居)
이따미	아픔
이루	いる [要る·入る] 필요하다
이루이	いるい [衣類] 의류
이루이	いるい[異類][명사] 1.이류 2.다른 종류
이루이	いるい[遺類] 살아남은 무리; 여당(餘黨)
이리	들어감
이리	비용, 수입
이리에가후가이	入いり江えが深ふかい 후미지다
이모우또	いもうと[妹] 여동생[일반-이모는 여자들끼리 친하게 부르는 말이라고 한다. 그래서 오도우 또는 남동생, 이모우 또는 여동생]
이부꾸	いぶく[息吹く] 호흡하다[비법-이부진-고객과 호흡하라는 게 나 이부진의 소원이어야 해: 호흡해야해]
이비끼	いびき[鼾][명사] 코고는 소리[일반-입이끼 때문에 코고는 소리가 날 수도]

이사마시이	いさましい [勇ましい] 활발하다[비법-블랙핑크리사-마시멜로우아이유-아주활 발한 두사람이 노래 불러야해]
이산	遺産いさん 유산
이세이	いせい[異性][명사] 이성(↔반의어同性)
이세이	いせい[威勢] 위세
이소가시이	忙いそがしい 바쁘다 {한가하다}
이스	의자
이시	석 石
이시모찌	いしもち[石持·石首魚] 조기
이시키	いしき[意識] 의식
이와	いわ[岩·磐·巌·石] 큰 바위[비법-이와이슌지감독-이와이슌지 같은 큰 바위 얼굴이 좋은 감독 해야해]
이와레	いわれ[謂れ] 까닭, 내력(謂는 일본식 한자, 원래 발음은 이이인데 레가 붙어서 이와레)
이요꾸	意欲いよく 의욕
이요이요	いよいよ[愈·愈愈·弥弥] 1.점점; 더욱더 (=동의어ますます) 2.드디어; 결국(=동의어とうとう·ついに)[일반-愈는 우리나라식 한자는 아닌 일본식 한자이다. 이 말 자체가 점점 할 때의 점의 의미를 가진다]
이이나스	いいなす[言いなす·言い做す] 그럴듯하게 말하다
이이메	いいめ[いい芽·いい目·好い芽·好い目] 행운 [비법-이매리-아나운서가 되는 행운 그리고 장학퀴즈인과 함께 하는 행운이 있어야해]
이인	위원
이자	いざ '자'
이지	유지
이죠	以上いじょう 이상

이쯔	いつ[何時] 어느 때
이찌꼬	いちご [苺·莓] 딸기[비법-잇찌-우리노래딸기들어봐야해]
이한	위반 違反
이후	いふ[委付] 맡겨 부탁함
잇까이	いっかい[一回] 1회
잇다이	いったい[一体][부사] 1.전반적으로; 대체로; 원래 2.의문의 뜻을 강하게 나타내는 말: 도대체; 도시(都是)
잇단	일단 いったん[一旦][일반-이 말은 한글이나 일본어나 비슷하다]
잇사이	いっさい[一切]전체, 일절
잇소꾸	いっそく[逸足]1.일족 2.발이 빠름 3.뛰어난 인재
잇소꾸	いっそく[一足][명사] (신·양말 등의) 한 켤레
잇소꾸	いっそく[一束][명사] 한 다발[묶음] (=동의어ひとたば)(→そく(束))

자 Part

잔넨	ざんねん[残念] 억울함, 분함
자라자라(도)	ざらざら주르르 [비법-자라브랜드가 싸니까 주르르 흘러내린다고 봐야해]
쟈꾸호우	釈放しゃくほう (=석방)
쟈리	じゃり[砂利] 아이
쟌겐	じゃんけん[じゃん拳] 가위바위보
쟌또	분명히 ちゃんと [비법-산도-분명히 샌드란 다르다고 봐야해]
제꼬	정권
제이다꾸	ぜいたく[贅沢] 사치 돈을 많이 씀[일반-이 말 자체가 음독의 단어임]
젠가꾸	전액
젠고	ぜんご[前後] 전후
젠고꾸	ぜんこく[全国] 전국
젠교꾸	ぜんきょく[全局] 전국, 전국면
젠따이	전체
젯따이	絶対ぜったい 절대
젠인	전원
젯쬬	절정 絶頂 ぜっちょう [絶頂]
조	ぞう [象] 코끼리
조구세쯔	ぞくせつ[俗説] 속설
조로조로	ぞろぞろ 1. 많은 사람이 잇달아 비교적 천천히 움직이는 모양: 줄줄 2.길게 끌리는 모양: 질질 [비법-조로-질질 끌려가는 마을 사람들을 구출해야 해]
조세쯔	조절 調節
조요	징용

조우에끼	ぞうえき[増益] 증익, 이익이 늘어남
조코	주행 [예시문] 지리쯔조코 自律走行 자율주행
좃도	ぞっと [부사] 춥거나 무서워서 소름이 끼치는 모양: 오싹
죠	じょう[上][명사] 1.상 2.위 [접두] 1.훌륭한; 좋은 2.위의 (↔반의어 下)
죠	じょう[状][명사] 1.모양 2.상신서(上申書) [접미] 1.…상; …모양 2.…장; 편지; 서류
죠	じょう[場] [명사] 1.장소; 곳; 회장(會場) 2.(接尾語적)…장
죠가꾸세쯔	수확절 (추수감사절)
죠간	長官ちょうかん 장관
죠겐	じょげん[助言][명사][ス자동사] 조언
죠겐	じょげん[序言] 서언
죠꼰	じょこん[如今] 지금
죠닌	승인
죠다이(죠따이)	じょうたい[状態][명사] 상태
죠다이	じょうたい[情態][명사] 정태; 외면과 내면의 상태.
죠다이	じょうたい[上体][명사] 상체; 상반신 (↔반의어 下肢
죠다이	じょうたい[常態] 평상의 상태
죠데끼	じょうでき[上出来] 뛰어남, 훌륭함, 특제품
죠마에	じょうまえ[錠前] 자물쇠
죠세이	여성
죠세이	정세
죠세이	조성
죠세쯔	じょうせつ[常設] 상설
죠센	ぞうせん[造船] 조선
죠센	じょうせん[乗船] 승선

죠센	じょうせん[上船][명사][スㅈ자동사] 상선; 승선; 배를 탐
죠시	여자 じょし[女子]
죠시	여사
죠시	じょうし[上司] [명사] 상사
죠시고세이	여고생
죠야꾸	条約じょうやく. 조약
죠에끼	징역
죠오	코끼리
죠우	チョウ(蝶) 나비
죠이	상위
죠인	上院じょういん.(↔반의어 하원) 상원
죠죠	조장 助長
죠죠	じょうじょう[上上] 가장 좋음; 더할 나위 없이 좋음
죠죠니	じょじょに[徐徐に] 천천히
죠즈	상수, 고수
죠지	상시
죤분	ぞんぶん[存分] 뜻대로, 마음대로
준꼬	じゅんこう[巡航] 순항
쥬깐센교	중간선거
쥬게이	중계
쥬겐세이	受験じゅけん生せい[者しゃ] 수험생[자]
쥬게쯔	충혈 充血
쥬교	住居じゅうきょ 주거
쥬교	授業じゅぎょう 수업
쥬교인	従業じゅうぎょう員いん 종업원
쥬닌도이로	じゅうにんといろ [十人十色] 십인십색; 각인각색
쥬다이	중태
쥬다이	수태

쥬다이　　じゅうだい[重大][명ノナ] 중대
쥬다이　　じゅうだい[十代]1.십대(teen - age의 역어)
쥬단　　銃弾じゅうだん 총탄
쥬메이　　수명
쥬모꾸　　注目ちゅうもく 주목
쥬분　　じゅうぶん[じゅうぶん·十分·充分] 충분
쥬샤　　주차
쥬시　　じゅうし[重視] 중시
쥬시　　注視ちゅうし 주시
쥬쥰　　じゅうじゅん[従順] 순종적인
쥰비　　준비
즈게나　　つけな [漬(け)菜] 절임거리 채소; 특히, 단배추; 또, 그 절임
즈나　　つな[綱] 줄 [일반-요코즈나는 횡경이라고 해서 천하장사의 옆에 매는 줄을 의미한다]
즈라이　　-づらい 뒤에 붙어서 어렵다
즈루　　낚다 つる[釣る][비법-주루마블-술게임놀이로 낚아야해]
즈루　　[吊る]달다[비법-주루 즉 낚다와 다소 비슷한 어감으로 해서 파악을 한다]
즈루　　넝쿨
즈루　　학
즈리가기　　つりがき[釣(り)書き·吊(り)書き]계도(系圖)계보(系譜).
즈요꾸　　강하게 強つよく
즈이가　　추가 追加ついか -> 쯔이가에
즈이또　　추도 追悼ついとう
즈이븐　　상당히, 대단히, 꽤
즛도　　꽤(짓도는 꼼작 않는 모양)[일반-즛도무까시 하면

	아주 옛날이라는 뜻 ずっとむかし[ずっと昔]]
지가라	ちから [力] 도움, 힘
지겐	じげん[次元][수학·물리] 차원
지겐	じげん[時限] 시한
지다꾸	自宅じたく 자택
기잔사	시간차
지겐	사건 事件
지고	自己じこ 자기(중국어 쯔지) 다른 말로는 지분
지고꾸(1)(지고구)	じごく[地獄][종교]지옥 (↔반의어極楽·天国)
지고꾸(2)	じこく[時刻]
지교	사업
지까나	생선 魚 [비법-지카바이러스-생선이 지카바이러스를 옮겨야해]
지까데쯔	지하철
지까라	힘
지까이	가깝다 近
지까이	차회 次回
지끼	じき[時期] 시기, 때; 계절
지끼	じき[直] [명사] 직접.(=동의어じか) [접두] 직…
지끼	じき[磁気][명사] 자기
지끼	じき[磁器][명사] 자기; 사기그릇 (→とうき(陶器))
지끼	じき[自記]1.자기 2.자기가 씀; 또, 그 쓴 것; 자필
지끼	じき[時機][명사] 시기; 기회 (=동의어しおどき)
지끼	じき[時季][명사] 계절; 철 (=동의어シーズン)
지끼	じき[次期][명사] 차기; 다음(번)(↔반의어前期·今期)
지다꾸	じたく[自宅] 자택
지다이	じだい[時代] 시대
지다이	じたい[自体] 1.자체 2.자기 몸 3.그 자신

지다이	じたい[事態][명사] 사태
지다이	じたい[辞退] 사퇴
지도	じどう[児童] 아동
지리쯔죠코	自律走行 자율주행
지만	じまん[自慢] 자랑
지메이	指名しめい 지명
지모또	じもと[地元] 그 지역
지무쇼	사무소
지분	자신 じぶん [自分]
지수	指数しすう 지수
지시키	지식 知識
지신	자신 (지분도 자신)
지에	지혜(智恵)
지이끼	地域ちいき; 지역
지이사이	작은
지인	사인
지죠	地上ちじょう 지상
지죠	自性じしょう 자성
지즈쇼	秩序ちつじょ 질서
지지다이	自治じち体たい 자치체
지지쯔	自殺じさつ; 자살
지지쯔죠노	사실상의
지타꾸	자택
지한	치안
지히	じひ[慈悲][명사] 자비
진까시 (賃貸)	[명사]賃貸ちんがし
진고지노	인공지능
진세이	인생 じんせい[人生]

진세이 じんせい[人性][명사] 인성; 인간 본연의 성질
진세이 じんせい[人世][명사] 인세; (인간) 세상; 속세(俗世); 뜬 세상(=동의어うきよ·世間)
진세이 じんせい[仁政][명사] 인정; 어진 정치
진세이 じんせい[人声][명사] 인성; 사람 목소리
진슈쯔 進出 진출
진에이 陣営じんえい 진영
진자이 人材じんざい; 인재
진찌 じんち[人知·人智][명사] 인지; 사람의 지혜
진찌 じんち[陣地][명사] 진지.
진찌 じんち[仁知·仁智][명사] 인지; 인애(仁愛)롭고 지혜로움
짓꾸리 じっくり침착하게[비법-시구니처포즈 부르는 이일학번-주변에서 뭐라해도 침착하게 불러야해]
짓사이 じっさい[実際] 실제
짓세끼 じっせき[実績][명사] 실적; 실제의 공적·성적·성과
짓세끼 じっせき[実跡][명사] 실적; 실제 형적
짓세끼 じっせき[実積]실적; 실제 면적
짓센 実戦じっせん 실전
짓소꾸시 질식사
짓쇼 실증
짓쇼 치상
짓시니아마루 じっしにあまる[十指に余る] 열손가락으로 셀 수 없다
쯔가 つか[束] [명사] 약간; 조금
쯔가 つか[塚·冢][명사] 1.총 2.흙 무더기; 둔덕
쯔가모나이 터무니없다つがもない(쯔가 적은 것)[일반-쯔가가 짝]
쯔가이 つかい[使い] 사용함
쯔가레루 つかれる[疲れる](피곤할 피)피로해지다, 피곤하다 [비법-주가흔(대만영화감독)-홍콩영화에 피곤해져

야해] 암기해설: 그래서 자신이 대만에서 영화를 만든다고 하는 것이다

쯔가에루 つがえる[番える] 맞추다 [비법-주가령-소살리토에 맞춰야해] 암기해설: 소살리토에 출연한 홍콩여배우

쯔가우(쯔까우) つかう[使う]쓰다, 사용하다

쯔가우 つがう[番う] 짝이 되다; 한 쌍이 되다.

쯔가우 つかう[遣う][5단활용 타동사] 1.보내다 2.쓰다

쯔구에 つくえ[机] 책상[일반-축구에 쓰는 책상]

쯔구루 만들다 作

쯔까마에루 [捕まえる·捉まえる]つかまえる 붙잡다 {잡다, 쥐다}[일반-쯔 가마에루 붙잡았다]

쯔라메꾸 つらぬく [貫く] 꿰뚫다

쯔라이 つらい[辛い] 괴롭다 [비법-신주라(신문수 만화화백 딸)-주라아빠 주라 배고파서 괴롭다고 해야해] 암기해설: 그래야 서두르지는 의미에서 재촉한다

쯔마 처 妻

쯔마루 つまる[詰(ま)る] 가득차다 [비법-플라즈마-공기에 가득차야 해] 암기해설: 플라즈마가 가득찬모양을 나타내다

쯔무 쌓다

쯔무 つむ[摘む] 따다 [비법-주무가 예뻐서 번호를 따야해]

쯔바끼 つばき[唾] 침

쯔바메 つばめ [燕] 제비 [비법-주바(이슬람의 치렁치렁한 옷)은 제비를 닮았다고 봐야해]

쯔부 つぶ[粒] 알, 씨 [비법-주부생활(잡지)-여성운동의 씨를 뿌려야해]

쯔부레루 つぶれる[潰れる] 찌그러지다 [비법-쯔부 즉 씨앗이

	외워졌으면 씨앗처럼 아주 작게 되어서 찌그러지는 것이라고 생각]
쯔부루	つぶる [瞑る] 눈을 감다[비법-눈을 감다 역시도 씨앗의 즈부를 생각해서 작게 만드는 것을 생각하라]
쯔부야꾸	つぶやく[呟く]중얼거리다 [비법-주부구단+야쿠르트-주부구단이 야쿠루트 먹으면서들 중얼거린다] 암기해설: 할 말도 많은 주부구단이기에 말이다
쯔우	ろう [牢] 감옥; 옥(獄)
쯔우까	つうか[通過] 1.통과 2.그대로 지나감
쯔우까	つうか[通貨][명사][경제] 통화
쯔유	つゆ[露]1.이슬 2.(이슬같이) 덧없는 것; 곧 사라지는 것[비법-주유-공명이 보기에, 덧없느 사람 이슬같은 사람이라고 해야해]
쯔이까	ついか [追加] 추가
쯔쯔꾸	つつく[突く] 쪼다 [비법-주주꾼/주주총회꾼-회사를 마구 쪼아야해]
찌라찌라	ちらちら[부사] 작은 것이 날리는 모양: 팔랑팔랑 [일반-찌라시ちらし[散らし]에서 보듯이 찌라는 퍼지는 모양을 의미한다]
찌루	ちる [散る] 흩어지다
찌죠	ちじょ[痴女•癡女]

카타파 Part

카스카스(가스가스)	아슬아슬[비법-카스카스 (술 먹고)아슬아슬하다고 봐야해]
카오리	향기 香 예시문: 心にさく花は君の香りコ코로니사쿠하나와 키미노카오리 마음에 피는 꽃은 그대의 향기(저스맨인럽노래)
카이미	かいみ[快味][명사] 쾌미; 상쾌한 맛
카즈카즈	かずかず[数数] 아주 수가 많음
코나미	こなみ[小波] 잔물결
쿠소미소	좋은 것이든 아니든 막
큐단	きゅうだん [球団] 구단
타마타마	たまたま[偶·偶偶·適][부사] 가끔; 이따금 (=동의어時おり)[비법-다마스-이따금씩 도로에서 뒤집힌다고 봐야해]
타이라	たいら[平ら] 평탄함
토사이	とうさい[搭載] 탑재
투츄	탁구
페또	ペット반려동물

하 Part

하	칼날 刃
하가	はか[捗] [명사] 일이 되어가는 정도; 일의 진도.
하가이	파괴
하가지덴	百科事典 백과사전
하게시이	격하다 激[비법-하겐다즈-맛이 아주 격해야해-롯데 해태 한국시장 이기려면]
하겐	패권
하겐	はけん[派遣] 파견
하교꾸	파국
하구시	博士はくし박사
하구죠	白鳥はくちょう 백조
하꼬	발효
하꼬부	운반하다
하꾸	はく[穿く]1.(바지 따위를) 입다 2.(履く로도) 신다
하꾸	はく[掃く] 쓸다
하꾸	はく[吐く] 토하다
하나	코 鼻
하나다바	はなたば [花束] 꽃다발
하나레루	はなれる[離れる] 떨어지다
하나비	はなび[花火·煙火] 불꽃
하나세루	はなせる 말 할 줄안다
하나스	놓다 放はなす
하네아가루	はねあがる[跳ね上がる] 튀어오르다
하나조노	화원 はなぞの [花園]
하네루	はねる자르다 [刎ねる][비법-하네스-잘못해서 하네스가 목을 자르기도 한다고 봐야해]

하네루	跳はねる 뛰다 [비법-하네다공항-뛰어서 도쿄 들어가야해] 암기해설: 가까우니까 하네다에서 뛰어서 간다
하다	はた[旗]깃발 [비법-하다라보고쿠준-사람들이 많이들 쓰니까 깃발로 거리에서 광고해야해]
하다미	はだみ[肌身] 살갗
하다시	はだし [跣·裸足] 맨발로 걸음
하다시떼	はたして[果(た)して] 그래서 그 결과
하다찌	はたち[二十·二十歳] 스무살
하덴	반점
하도	비둘기 はと [鳩] [비법-하또하또의하트부부) 사랑의 메신저 내지는 첩보메신저로 비둘기를 이용해야 해]
하도메	はどめ[歯止め] 바퀴를 제어하는 장치
하라	배 復 [비법-고독한 미식가에서 주인공이 배고프다고 할 때 나오는 말이다]
하라오다데루	화를 내다 はらをたてる [腹を立てる]
하레루	걷히다, 맑아지다 くもがはれる [雲が晴れる] 구름이 걷히다 [일반-스바라시이에서도 나오는 단어가 바로 이 晴이다]
하레야까	はれやか[晴(れ)やか] 청명한 모양, 화려한 모양 [일반-스바라시이에서도 나오는 단어가 바로 이 晴이다]
하로	はろう[波浪][명사] 파랑; 파도; 물결 (한문투의 말씨)(=동의어波)
하루	はる[張る] 뻗다; 뻗어나다 [비법-하루야채를 먹는 사람들이 자꾸 뻗어나가야 해] 암기해설: 야쿠르트 아줌마들의 판매회의에서 나오는 말

하루	はる[春] 봄
하리	はり[張り][명사]1.팽팽하게 땅김; 그런 힘 2.야무지고 힘참; 생기; 활기
하리사게루	はりさける[張(り)裂ける] 터지다[일반-사게루는 사꾸에서 외운다]
하리시고또	針仕事はりしごと 바느질 [일반-침은 훈독으로 '하리'이다. 그래서 침 즉, 바늘을 가지고 하는 일이라서 하리시고도이다]
하마	はま[浜] 물가 (물가 빈) [비법-하마가 물가에서 물을 먹어야해] 암기해설: 물가가 아닌 깊은 곳은 악어가 잘 더 공격하기에 튀어나가기 좋게 한다
하메꼬무	はめこむ[はめ込む·填め込む·嵌め込む] 채워넣다
하메루	はめる[填める·嵌める] 끼우다; 끼다; (수갑을) 채우다; 박다 [비법-릴리함메루-일본선수단이 종목을 다 채워야해] 암기해설: 동계올림픽의 도시이다
하바	폭
하바다꾸	はばたく [羽ばたく·羽搏く·羽撃く] 날개치다
하바히로이	はばひろい[幅広い] 폭이 넓다
하부라시	歯はブラシ 칫솔
하사미	はさみ[鋏] 가위 [비법-하사와병장-우리 사이를 가위로 잘 나눠야해] 암기해설: 그래도 군율이 있어서 하사와 병장은 같이 있지 않는다는 이미, 그래서 가위로 자르자고 한다
하세루	はせる[馳せる] 1.달리다 2.(먼 곳의 어떤 것을) 생각하다
하시루	달리다 走[비법-하시모토-달리면서 선거운동 해야해]
하에루	はえる[生える][하1단 자동사] 나다 [문어형][하2단]

	は-ゆ 하이재 はい [일반-재빛에 대해서는 하이이로 はいいろ단어를 암기하자]
하이고	배후
하이고	배합
하이구샤	배우자
하이규	배급
하이데마루	はいでる[はい出る·這い出る] 기어나오다
하이세쯔	배설 排泄
하이소	배송
하이유	俳優はいゆう; 배우
하이이로	회색 はいいろ灰色 [일반-시사로 암기하는데 はいいろこうかん[灰色高官] 하이이로고깐은 '회색 고관'이라는 말로써 (대형 항공기 등의 매입에 관련된 뇌물사건의 고관은 법률상으로는 유죄라고 할 수 없으나 무죄도 아니라는데서 나온 말로 외운다)
하이쯔우	はいつう[背痛] 등의 통증
하죠	はじょう[波状]파장
하즈가시이	はずかしい[恥ずかしい] 부끄럽다
하즈레	はずれ[外れ] 바깥 외부 [비법-하주정(완산정)-전주밖에 있어서 하주정이라고 불러야해]
하즈수	はずす[外す] 떼다[비법-하즈레에서 같이 외운다]
하쯔	はつ[初][명사] 처음; 최초[접두] 1.(名詞·動詞連用形 앞에 붙어) 2.처음의 뜻, 첫…
하쯔	はつ[髪] [명사] 머리털
하쯔까	はつか[二十日] [명사] 20일; 스무날
하쯔까	はつか[僅か] 약간
하쯔이꾸	はついく [発育] 발육
하찌오지	八王子

하쿠	泊 숙박, 니하쿠: 2박
한가꾸	반액 半額はんがく
한노우	反応はんのう 반응
한다이	はんだい[飯台][명사] 여럿이 함께 식사할 수 있는 밥상; 식탁(食卓).(=동의어ちゃぶだい)
한다이	はんたい[反対] 반대
한단	판단
한바이	はんばい[販売] 판매
한바이다이스	판매대수
한분	はんぶん[半分] 반쪽
한세이	反省はんせい 반성
한자이	범죄
핫도시떼	핫도시데 깜짝 はっとして
핫바	はっぱ[葉っぱ] 잎사귀
핫뽀	はっぽう[八方][명사] 팔방; 여기저기; 모든 방면; 다방면
핫뽀	はっぽう[発泡][명사][ス자동사] 발포; 거품을 내는 일
헤비	뱀 へび [蛇][비법-헤비메탈러라면 뱀을 두르고 연주를 해야 해] 암기해설: 헤비한 뱀이 이브에게 유혹을 한다고도 외우자
헤이까이시끼	페회식
헤이끼	へいき[平気] 아무렇지도 않음
헤이끼	兵器へいき 병기
헤이다이	へいたい[兵隊] 병대 병정
헤이죠	へいじょう[平常] 평상
헨	片
헨	篇
헨간	返還へんかん 반환

헨까	へんか[変化] 변화
헨꼬	변경
헨데고다	変へんてこだ 얄궂다
헨사이	へんさい[変災] [명사] 변재; 재난
헨슈	へんしゅう[編集·編輯][명사][スㅌ타동사] 편집; 편찬
헨슈	へんしゅ[変種] [명사] 변종 (=동의어変わり種)
헨슈	へんしゅう[偏執][명사][ス자동사]편집; 편굴; 외고집
헨슈	へんしゅう[編修][명사][ス타동사] 편수; 편찬
헨슈	へんしゅ[騙取][명사][ス타동사] 편취; 속여 빼앗음
헨죠	へんぞう[変造] [명사][ス타동사] 변조
호	穂(이삭 수) 이삭 ほ [비법-'호'(하고) 이삭에 숨을 불어넣으시는 창조주]
호가이	외국
호가이	법외
호고꾸	보고
호고꾸쇼	보고서
호고꾸	보호구
호구스	풀다
호까	ほか[ほか·外·他] 다른 것; 딴 것[곳], 바깥
호까니	ほかに[外に·他に] 그 밖에
호꼬	보고
호꼬샤	保護ほご者しゃ 보호자
호꼬세이	ほうこうせい 방향성
호네오리죤	ほねおりぞん[骨折り損] 헛수고함
호노오	ほのお[炎·焔][명사] 불꽃; 불길 (이게 한 단어)
호도구	풀다
호도지가이	가깝다 程 近 [일반-호도라는 말은 보통 '정도'라고 번역이 됨. 그래서 이 말은 정도가 가깝다라는

	식으로 번역]
호라	ほら[法螺]1.'ほらがい'의 준말 2.허풍을 떪; 과장해서 말함; 또, 그런 이야기
호라	ほら [감동사] 급히 주의를 환기시킬 때 내는 소리: 이봐; 얘; 자.(=동의어ほれ·そら)
호라아나	ほらあな[洞穴] 동굴
호렌소우	ほうれんそう [菠薐草] 시금치
호로비루	망하다 滅ほろ[亡]びる; つぶれる(↔반의어: 흥(興)하다)[비법-호로비(홀애비)는 망했다고 봐야해]
호로호로	ほろほろ 조용조용
호루	새기다 調 [일반-호루(홀을) 새기다]
호루	놓다 放[호 자가 들어가네]
호메루	ほめる 褒める·誉める·賞める·賛める 칭찬하다[비법-호메로스-일리아드에서 칭찬해야해] 암기해설: 비판일색으로 가지 말라는 말
호보	보호 保護
호보호보	ほぼほぼ 거의를 나타내는 부사
호소	방송
호소	포장
호쇼	ほしょう[保証][명사][スタ동사] 보증
호쇼	ほしょう[保障][명사][スタ동사] 보장
호쇼	ほしょう[補償][명사][スタ동사] 부상
호쇼	ほうしょ[苞苴] 생선·과일 등을 안에 넣고 짚으로 싼 것 (=동의어わらづと·あらまき)
호쇼	보상
호슈	ほうしゅう[報酬][명사] 보수 (=동의어お礼·返礼)
호슈	ほしゅ[保守][명사] 보수 (↔반의어革新)
호슈	ほしゅう[補習][명사][スタ동사] 보습

호슈	ほうしゅ[法主]1.[불교]법주 2.한 종파의 우두머리(특히 真宗에서)
호슈	ほうしゅ[砲手] [명사] 포수
호슈	ほしゅう[補修][명사][スㅏ타동사] 보수
호시	별 星
호시끼	ほうしき[方式] 방식
호신	方針ほうしん 방침
호에루	ほえる[吠える·吼える] 으르렁 거리다
호요	ほよう[保養] 보양; 건강을 위하여 심신을 쉼; 휴양(=동의어養生)
호요	ほうよう[抱擁][명사][ス타동사] 포옹; 얼싸안음
호요	ほうよう[法要][명사] 법요; 법회(주로 장의(葬儀)·추선(追善) 공양)=法会
호요	ほうよう[包容] 포용
호우가고	ほうかご [放課後] 방과 후
호우가이	붕괴 崩壊ほうかい
호우게이	풍경
호우또	방도 ほうと[方途]
호우리꼬무	막던져넣다 ほうりこむ[ほうり込む·放り込む·抛り込む]
호우신	ほうしん[方針] [명사] 방침
호우신	ほうしん[放心] [명사][ス자동사]1.방심 2.멍함; 정신을 차리지 못함 3.방념; 안심
호우죠	包丁ほうちょう 부엌칼
호우후	ほうふ [豊富] 풍부
호이꾸	ほいく[保育] 보육
호이꾸시	ほいくし[保育士]
호죠	표정
호쥬	訪中ほうちゅう 방중

호쯔호유료또	ほっぽうりょうど [北方領土] 북방영토
호찌	ほうち[放置][명사][ス타동사] 방치
호찌	ほうち[法治][명사] 법치
호호	방법
호호에무	ほほえむ[ほほ笑む·頬笑む·微笑む]미소를 짓다[일반 -여기서 호호는 정말로 호호의 의미. 의성어]
혼까이	ほんかい[本会] 본회
혼끼니나루	ほんきになる[本気になる] 진지해지다
혼꼬	은행의 본점[本行]
혼꼬	본교
혼노	ほんの[本の] 그것밖에 안 되는, 단지
혼반	ほんばん[本番] 1.제대로 된 차례 2.연습이 아닌 실제 방송
혼소	ほんそう[奔走] 분주(히 하다)
혼쇼	ほんしょ[本書]1.본서 2.주된 문서
혼쇼	ほんしょう[本性][명사] 1.본성 2.본래 타고난 성질 (=동의어ほんせい)
혼야꾸	翻訳ほんやく 번역
혼지쯔	ほんじつ[本日]오늘
홋도	ほっと 한숨
홋도쓰루	ほっとする 한숨 놓다, 안심하다
홋베다	ほっぺた[頬っぺた] 뺨
효겐	ひょうげん[表現][명사][ス타동사] 표현
효겐	ひょうげん[氷原][명사] 빙원
효겐	ひょうげん[評言][명사] 평언; 비평의 말
효죠	ひょうじょう[表情][명사] 표정
효죠	ひょうじょう[平調] 일본 음악의 음명(音名)
효죠	ひょうじょう[氷上][명사] 빙상; 빙판 위

호죠낀 ほじょきん[補助金] 보조금

후까이 ふかい[深い]깊다 [비법-후가시(머리)-후가시 넣을거면 깊게 넣어야해]

후꾸 깨끗이 하다, 닦다 拭ふく; ぬぐう [일반-훅하고 깨끗이 하다][비법-괴짜가족후꾸오-집을 깨끗이 치워야해]

후꾸 (피리를) 불다 ふえをふく [笛を吹く][일반-후꾸하고 피리를 불다. 한국말로는 훅]

후꾸로 ふくろ[袋·嚢] 주머니[이께부꾸로-지명]

후꾸사쯔 複雑ふくざつ 복잡

후꾸이 ふくい[復位][명사][ス자동사] 복위

후끼 ふうき[風紀][명사] 풍기

후끼 ふうき[風気][명사] 풍토와 기후

후네 ふね[船·舟] 배[비법-후내자상-후네배에서 물고기 먹고 목에 자상 후내자상 걸린다고 봐야해]

후도고로 ふところ[懐] 품

후도우 封筒ふうとう 봉투

후돈 布団 이불 [일반-이는 한자를 읽었을 뿐이다]

후라후라 비틀비틀 ふらふら [비법-훌라훌라 훌라우프가 비틀비틀]

후루 ふる[振る][5단활용 타동사] 1.흔들다 2.흔들어 휘두르다

후루 ふる[降る] 1.(비·눈·서리 등이) 내리다; 오다
2.위에서 물건이 떨어지다

후로 ふろ[風呂] 목욕통

후루나지미 ふるなじみ[古なじみ·古馴染(み)] 오랜 친구

후루사또 ふるさと[古里·故里·故郷] 고향

후리가에루 ふりかえる[振(り)返る] 뒤돌아보다

후멘쇼	불면증
후무	ふむ[踏む]밟다 [비법-후무소스(중동지방소스)를 만들려고 병아리콩을 밟아야해]
후민	不眠ふみん
후벤	불편
후부끼	ふぶき[吹雪] 눈보라 [일반-이는 후꾸라는 불다의 동사와 눈의 유끼가 합쳐지고 소리변화가 생겨서 만들어진 말이다]
후세끼	布石ふせき 포석
후세이꼬	ふせいこう[不成功] 불성공
후쇼	불상
후시끼(나)	불식(不識) 알지 못하는, 이상한[일반-이 단어 자체가 바로 불식 즉, 알지 못한다는 의미를 자연스럽게 담고 있다]
후아후아또	두둥실
후안	불안
후안간	不安ふあん感かん
후에	피리 笛 [비법-후예궁정박물관-피리소리를 들어야
해]	
후에루	늘다
후와리(도)	ふわりと1.가볍게 뛰어오르는[떨어지는] 모양: 살짝; 사뿐 (=동의어ふんわり)[일반-후와리하면 가볍게 실을 타는 얼래. 그래서 후와리도는 가벼이 살짝]
후왓도	ふわっと둥실[일반-후와리도와 같은 설명이 가능]
후우게	ふうけい[風景] 풍경
후우소구	풍속 ふうぞく [風俗]
후유	ふゆ[冬]겨울 [비법-후유두(소의뒤쪽유두)-겨울 되면 딱딱해져서 만져줘야 해]

후이도	ふいと 갑자기 [비법-푸이-갑자기 뭐를 하는 변덕이 많은 황이라고 봐야해]
후지유	不ふ自由じゆうだ
후쬬샤	負傷ふしょう者しゃ 부상자
후찌	ふち[縁][명사] 가장자리; 테두리; 전; 가 (=동의어 へり·まわり·わく) [비법-부찌 가장자리가 제일 맛있다고 봐야해]
훈세끼	ふんせき [噴石]분석
훈와리	ふんわり 살짝, 사뿐
홋가쯔	ふっかつ[復活] 부활
홋도	ふっと 갑자기
효우시	ひょうし [拍子] 박자
히가구	비교
히가구	비핵
히가구까	비핵화
히가이	피해
히가이가꾸	被害ひがい額がく피해액
히간	ひかん[悲観] 비관
히게	수염 ひげ[일반-히게 된 수염]
히고꾸	ひこく[被告]
히고로	ひごろ [日ごろ·日頃] 평소 [일반-고로는 때를 의미하는데 날의 때이기에 평소가 된다]
히까꾸	ひかく[比較] 비교
히꾸	연주하다 彈 [비법-히꾸(삐꾸)로 연주해야해] 암기해설: 기타 연주할 때 쓰는 플라스틱
히꾸라시이	にくらしい [憎らしい] 얄밉다
히꾸이	ひくい[低い]낮은[비법-히구지이찌요-여자래서 낮은 자세로 집필해야해] 암기해설: 과거에 차별에 대해

서 하는 말이다

히끼 일기

히끼 -ひき[匹·疋] 마리, 필(匹)

히끼가에루 ひきがえる[蟇蛙·蟾蜍] 두꺼비

히끼가에루 교환하다 ひきかえる[引(き)換える·引(き)替える]

히다도 ひたと[直と] 1.쭉 2.갑자기

히다루 ひたる[浸る·漬る] 빠지다 [비법-하니콤히타-냉기가 확빠지는 모습을 보여야해]

히다리 왼쪽

히다이 ひたい[額][명사] 이마 (=동의어おでこ)

히데리 가뭄 日

히도가게 ひとかげ[人影] 사람의 그림자

히도지쯔 인질

히도쯔마 ひとづま[人妻] 유부녀

히도사시 ひとさし[一指し][명사] 장기 따위의 한 판

히도사시 ひとさし[一差し][명사] (춤 따위의) 한 번; 한 판

히라이 ひらい[比来][명사] 근래; 요즈음

히레 ひれ[鰭] 1.지느러미 2.(요리에서) 지느러미의 살

히레이 ひれい[比例][명사][ス자동사] 비례

히로우 ひろう [拾う] 1.(떨어진 것을) 줍다(↔ 반의어 捨てる) 2.골라내다 3.(많은 중에서) 뽑아내다 [비법-마이리틀히로-주어내는 사람이어야 해]

히로마 ひろま[広間] 마루, 큰방[일반-히로이는 넓다는 뜻이고, 마는 사이 간 또는 공간을 의미한다. 그래서 히로마는 거실 또는 큰 방이다]

히마 ひま[暇·閑] [명사] 1.손이 비어 있는 시간·상태 2.틈; 짬; 기회 3.한가한 상태 [비법-희망이(개그콘서트-짬을 내서 희망에 대해서 잠도 자고 꿈도 피

력해야해] 암기해설: 개그콘서트에서의 희망이 캐릭터는 당연히 어른인데 능청스럽게 아이로 해서 분장한다

히마	ひま[隙] 1.물건과 물건의 사이; 간격; 틈 (= 동의어 すきま) 2.사이가 나쁨; 티격남; 불화
히미쯔	ひみつ[祕密] 비밀
히비	그날 그날 ひび[日日]
히비꾸	ひびく[響く] 울리다 [비법- 히비끼- 한일양국에서 인기가 높은 일본 성인배우 이름이 히비끼]
히사시	ひさし[庇·廂] 차양
히사시부리	ひさしぶり[久しぶり·久し振り] 오랜만에
히쇼죠	미소녀 びしょうじょ [美少女]
히시	ひし[皮脂] 피지
히요	비용
히요	일용
히요미나이	ひをみない [比を見ない] 유례가 없다
히이레	ひいれ[火入れ][명사] 담뱃불 따위의 불씨를 넣는 조그만 그릇
히자시	ひざし[陽ざし] 햇살(메자시와 비교)
히죠	ひじょう[非常]
히즈	ひず[祕図]비밀지도
히즈지	양 羊 [비법-문희준: 밖에서는 사나와도, 집에 가면 양 같은 희준이가 되야해]
히쯔요	ひつよう[必要] 필요하다
히쯔요노나이	ひつようのない 필요 없다
히쯔우	ひつう[悲痛] 비통
히쯔지	ひつじ[羊][명사] 양(=동의어めんよう)
힌곤	빈곤

힛구리가에스	ひっくりかえす[引っ繰り返す] 뒤집다 [일반-그냥 가에스 하면 바꾸다 돌리다인데, 거기에 힛꾸리가 붙은 형태이다]
힛시	必死ひっし 필사적으로

Ⅲ. 한자 정리

아래의 한자 정리를 참고로 해서 자신만의 단어장을 만들어 두기 바란다.

여기서는 이번 책을 만들면서 참고로 했던 한자들의 주요 부분을 정리했다. 거듭 말하지만 사전식으로 전부 담은 것은 아니니 이해하면서 보기 바란다. 아래는 예시로서 정리한 것이다. 나머지는 차차 또 정리하여 하나의 책으로 발간하도록 하겠다.

석 惜 아낄

음독

しゃく·せき

훈독

おしい·おしむ

오시이

오시이	おしい[惜しい] 아깝다, 안타깝다
오시무	
오시가루	おしがる [惜しがる] 아쉬워하다; 아까워하다
오시무	惜おしむ 아끼다

숙 宿 잘 숙

음독

しゅく

훈독

やど·やどす·やどる

슈꾸

신쥬꾸	신쥬꾸
슈그다이	숙제 宿題
민슈그	民宿 민박
수규하꾸	宿泊 숙박

야도
야도 やど[宿·屋戸] 사는 곳
야도야 やどや[宿屋] 여관

지 止
음독
し |あしどめ
훈독
とどまる·とどめる·とまる·とめる·やむ·やめる·よす
시
신뉴긴시 진입금지 進入禁止
보우시 防止ぼうし 방지
쥬시 中止 중지
도마루
도마루 멈추다とまる[止(ま)る·停(ま)る]
도메루
도메루 とめる[止める·停める] 1.멈추다 2.세우다; 정지하다
도마라스 (기능을) (機能きのうを)止とまらす.
구이도메루 くいとめる[食(い)止める] [하1단 타동사] 저지하다; 막다; 방지하다[문어형][하2단]くひと-む 야메루 やめる[止める·已める] 중지하다

행 行
음독 あん·ぎょう·こう
훈독 いく·おこなう·ゆく
교
교지 [行司, ぎょうじ] 스모의 심판
교세이가꾸 행정학 行政ぎょうせい学がく

교렛쯔	ぎょうれつ[行列] 행렬
코/꼬	
코우 료코우	여행 旅行 りょこう
슈코우	추행 しゅうこう[醜行]
긴꼬	은행 銀行 (ぎんこう); バンク
겟꼬	결행 けっこう [決行]
신곤료꼬	신혼여행 新婚旅行
규코	急行きゅうこう 급행
고우도우	行動こうどう 행동
히꼬기	飛行機ひこうき 비행기
구고	ぐこう [愚行]명사]우행; 어리석은 행동[짓]
한고우	犯行はんこう 범행
고신	행진 行進
이꾸	가다 行(い)く
이끼나리	いきなり[行き成り] 갑작스럽게
이까나이	行いかない 할 수 없다 (될 수 없다)
유쿠	
고니시 유키나가	小西行長
자파유키상	ジャパゆきさん 일본에 돈 벌러 온 동남아 사람

즉 한자는 이런 식으로 정리해두면 좋다.

① 우리나라말 음독을 중심으로 음의 한국말 가나다라 순서로 정리해 둔다

② 사전에서 찾아서 음독과 훈독을 정리해서 붙인다

③ 공부를 하다가 나오는 정리해야 할 단어들을 그 소리별로 역시 가나다 순으로 해서 붙인다.

④ 가급적 원래의 단어정리와 한자정리가 통합 체제를 이루도록 한다

도 서 명: 남자대학생을 위한 JLPT N4,N5 단어 초스피드 외우기 비법
저　　자: 최단시간외국어연구회
조판발행: 2024년 5월 31일
발　　행: 수학연구사
발 행 인: 박기혁
등록번호: 제2020-000030호
주　　소: 서울특별시 영등포구 버드나루로 130 1층 104호(당산동, 강변래미안)
Tel.(02) 535-4960　Fax.(02)3473-1469

Email. kyoceram@naver.com

9001 고1,고2 내신 수학은 따라가지만 모의고사는 망치는 학생의 수학 문제 해결법
저자 수학연구소 / 19,500

9002 이공계 은퇴자와 강사를 위한 수학 과학 학습상담센터 사업계획 가이드
저자 수학연구소 / 19,500

9003 고3 재수생 수능 수학 만점, 양치기를 어떻게 바라보고 극복할 것인가
저자 수학연구소 / 19,500

9004 대학생들이 세상에서 가장 효율적으로 일본어를 정복하는 방법
저자 최단시간일본어연구회 / 19,500

9005 프랑스어를 꼭 공부해야 하는 대학생들이 쉽게 어려운 단어를 외우는 방법
저자 최단시간프랑스어연구회 / 19,500

9006 중국어를 빠르게 배우고 싶은 해외 파견 공무원들을 위한 책
저자 최단시간중국어연구회 / 19,500

9007 변리사들이 효율성 높게 일본어를 익히는 법
저자 변리사실무연구회 / 19,500

9008 세무사가 업무상 필요한 일본어 청취를 빠르게 습득하는 법
저자 세무사실무연구회 / 19,500

9009 심리상담사가 프랑스어 단어를 빠르게 익히는 방법
저자 상담심리실무연구회 / 19,500

9010 업무용 일본어 듣기의 효율성을 높이는 법: 해외파견공무원용
저자 공무원실무연구회 / 19,500

9011 관세사들이 스페인어 단어를 쉽고 빠르게 외우는 법
저자 관세사실무연구회 / 19,500

9012 스페인어 리스닝을 쉽게 하는 법: 해외파견금융기관직원을 위한 책
저자 금융실무연구회 / 19,500

9013 관사세가 알면 좋을 프랑스어 단어를 효율적으로 외우는 법
저자 관세사실무연구회 / 19,500

9014 법조인이 알면 좋을 스페인어 단어를 빠르게 익히는 법
저자 법조인실무연구회 / 19,500

9015 법조인이 알면 좋을 스페인어 단어를 빠르게 익히는 법
저자 법조인실무연구회 / 19,500

9016 미용 뷰티업계에서 알면 좋을 이탈리아어 단어 빠르게 외우는 법
저자 뷰티실무연구회 / 19,500

9017 간호대학생과 간호사 의학용어시험 만점! 심장순환계통단어 암기법
저자 의학수험연구회 / 19,500

9018 항공공항업계에서 알면 좋을 스페인어 단어 스피드 암기법
저자 항공공항실무연구회 / 19,500

9019 약사와 약대생을 위한 의학용어 만점암기법_ 심장순환계와 근육계
저자 의학수험연구회 / 19,500

9020 한의사와 한의대생을 위한 양의학용어 암기법_ 호흡기와 감각기
저자 의학수험연구회 / 19,500

9021 의료변호사를 위한 의학용어 암기법_ 소화기와 비뇨기
저자 의학수험연구회 / 19,500

9022 건강보험공단 직원과 취준생을 위한 의학용어 암기법_ 감각기와 호흡기
저자 의학수험연구회 / 19,500

9023 간호사 국가고시 합격기간 단축하기_ 1교시 성인간호, 모성간호
저자 의학수험연구회 / 19,500

9024 건강보험공단 직원과 취준생을 위한 의학용어 암기법_ 감각기와 호흡기
저자 의학수험연구회 / 19,500

9025 수의사와 수의대생을 위한 의학용어 암기법_ 근골계와 심장순환계
저자 의학수험연구회 / 19,500

9026 식품위생직, 식품기사 시험을 위한 식품미생물 점수 쉽게 따기
저자 식품위생연구회 / 19,500

9027 영양사 시험 스피드 합격비법_ 1교시 영양학, 생화학, 생리학 중심
저자 영양사시험연구회 / 19,500

9028 영양사 시험 스피드 합격비법_ 2교시 식품학, 식품위생 중심
저자 영양사시험연구회 / 19,500

9029 6급 기관사 해기사 자격 시험 스피드 합격비법
저자 해기사시험연구회 / 19,500

9030 재배학개론 농업직 공무원시험 스피드 합격비법
저자 공무원시험연구회 / 19,500

9031 식용작물학 농업직 공무원시험 스피드 합격비법
저자 공무원시험연구회 / 19,500

9032 수능 지구과학1 입체적 이해로 만점 받기
저자 수능시험연구회 / 19,500

9033 건축구조 건축직 공무원 시험 교과서 술술 읽히게 하는 책
저자 공무원시험연구회 / 19,500

9034 위생관계법규 조문과 오엑스 조리직 공무원시험
저자 공무원시험연구회 / 19,500

9035 자동차구조원리 운전직 공무원 시험 교과서 술술 읽히게 하는 책
저자 공무원시험연구회 / 19,500

9036 수의사와 수의대생을 위한 의학용어_ 암기법 소화기와 비뇨기
저자 의학수험연구회 / 19,500

9037 도로교통사고 감정사 1차 시험 교과서 술술 읽히게 하는 책
저자 자격증수험연구회 / 19,500

9038 위험물산업기사 필기시험 교과서 술술 읽히고 암기되게 하는 책
저자 자격증수험연구회 / 19,500

9039 소방관계법규 조문과 오엑스 소방직 공무원시험
저자 공무원시험연구회 / 19,500

9040 양장기능사 필기시험 교과서 술술 읽히고 암기되게 하는 책
저자 자격증수험연구회 / 19,500

9041 섬유공학 패션의류 전공자가 섬유가공학 술술 읽고 학점도 잘 받게 해주는 책
저자 섬유공학패션연구회 / 19,500

9042 의류복식사 술술 읽고 학점 잘 받게 해주는 섬유공학 패션의류 전공자를 위한 책
저자 섬유공학패션연구회 / 19,500

9043 반도체장비유지보수 기능사 필기 교과서 술술 읽히고 암기되게 하는 책
저자 자격증수험연구회 / 19,500

9044 4급 항해사 해기사 자격 수험서 술술 읽히고 암기되게 하는 책
저자 자격증수험연구회 / 19,500

9045 접착 계면산업 관련 논문 특허자료 술술 읽히고 암기되게 하는 책
저자 접착계면산업연구회 / 19,500

9046 재수삼수 생활로 점수 올려 대입 성공한 이야기
저자 오답노트컨설팅클럽 / 19,500

9047 치위생사 국가시험 수험서 술술 읽히고 암기되게 하는 책
저자 자격증수험연구회 / 19,500

9048 치위생사 국가시험 수험서 술술 읽히고 암기되게 하는 책_ 2교시 임상치위생처치 등
저자 자격증수험연구회 / 19,500

9049 가스산업기사 필기시험 수험서 술술 읽히고 암기되게 하는 책
저자 자격증수험연구회 / 19,500

9050 응급구조사 1,2급 시험 수험서 술술 읽히고 암기되게 하는 책
저자 자격증수험연구회 / 19,500

9051 떡제조기능사 시험 수험서 술술 읽히고 암기되게 하는 책
저자 자격증수험연구회 / 19,500

9052 임상병리사 시험 수험서 술술 읽히고 암기되게 하는 책
저자 자격증수험연구회 / 19,500

9053 의료관계법규 4대법 조문과 오엑스 뽀개기 의료기술직 공무원시험
저자 공무원시험연구회 / 19,500

9054 간호학 전공자가 간호미생물학 술술 읽고 학점도 잘 받게 해주는 책
저자 간호학연구회 / 19,500

9055 간호사 국가고시 합격기간 단축하기_ 2교시 아동간호, 정신간호 등
저자 의학수험연구회 / 19,500

9056 도로교통법규 조문과 오엑스 뽀개기 운전직 공무원시험
저자 공무원시험연구회 / 19,500

9057 전기공학부생들이 시험 잘 보고 학점 잘 따는 법
저자 기술튜터토니 / 19,500

9058 간호대학생들이 약리학을 쉽게 습득하는 학습법
저자 간호학연구회 / 19,500

9059 의치대를 목표하는 초등생자녀 이렇게 책 읽고 시험 보게 하라
저자 의치대보낸부모들 / 19,500

9060 지적관계법규 조문과 오엑스 뽀개기 지적직 공무원시험
저사 공무원시험연구회 / 19,500

9061 방송통신대 법학과 학생이 학점 잘 받게 공부하는 법
저자 법학수험연구회 / 19,500

9062 공인중개사 1차 시험 쉽게 합격하는 학습법
저자 법학수험연구회 / 19,500

9063 기술직 공무원 시험 쉽게 합격하는 학습법
저자 공무원시험연구회 / 19,500

9064 독학사 간호과정 공부 쉽게 마스터하기
저자 간호학연구회 / 19,500

9065 주택관리사 시험 빠르게 붙는 방법과 노하우
저자 자격증수험연구회 / 19,500

9066 비로스쿨 법학과 대학생들을 위한 공부 방법론
저자 법학수험연구회 / 19,500

9067 기술지도사 필기시험 빠르고 쉽게 합격하는 학습법
저자 자격증수험연구회 / 19,500

9068 감정평가사 시험 스트레스 낮추고 빠르게 최종 합격하는 길
저자 자격증수험연구회 / 19,500

9069 의무기록사 시험 합격을 위한 의학용어 암기법_ 순환계와 근골계
저자 의학수험연구회 / 19,500

9070 의무기록사 시험 합격을 위한 의학용어 암기법_ 소화기와 비뇨기
저자 의학수험연구회 / 19,500

9071 감정평가사 2차 합격을 위한 서브노트의 필요성 논의와 공부법
저자 자격증수험연구회 / 19,500

9072 감정평가사 민법총칙 최단시간 공부법과 문제풀이법
저자 자격증수험연구회 / 19,500

9073 게임 IT업계 직원이 영어를 빠르게 듣고 말할 수 있는 방법
저자 최단시간영어연구회 / 19,500

9074 IT 게임업계 직원이 효율적으로 빠르게 일본어를 습득하는 법
저자 최단시간일본어연구회 / 19,500

9075 게임회사 IT업계 직원이 프랑스어 단어를 빨리 익히는 법
저자 최단시간프랑스어연구회 / 19,500

9076 경영지도사가 빠르고 효율적으로 중국어를 배우는 법
저자 최단시간중국어연구회 / 19,500

9077 유튜버가 일본어 청취를 빠르게 익히는 방법
저자 최단시간일본어연구회 / 19,500

9078 법조인들이 알면 좋을 프랑스어 단어를 빠르게 익히는 법
저자 최단시간프랑스어연구회 / 19,500

9079 경영지도사에게 필요한 스페인어 단어 빠르게 익히기
저자 최단시간스페인어연구회 / 19,500

9080 일본어 JLPT N4, N5 최단시간에 합격하는 법
저자 최단시간일본어연구회 / 19,500

9081 관세사에게 필요한 이탈리아어 단어 빠르게 익히기
저자 최단시간외국어연구회 / 19,500

9082 일본 관련 사업을 하는 중개사를 위한 효율적인 일본어 듣기법
저자 최단시간외국어연구회 / 19,500

9083 일본 취업 준비생을 위한 일본어 리스닝과 단어 실력 빠르게 올리는 방법
저자 최단시간외국어연구회 / 19,500

9084 관세사에게 필요한 중국어 빠르게 습득하는 법
저자 최단시간외국어연구회 / 19,500

9085 누적과 예측을 통한 영어 말하기와 듣기 해답_ 해외진출자를 위한 책
저자 최단시간외국어연구회 / 19,500

9086 스페인어를 공부해야 하는 대학생들이 빠르게 단어를 숙지하는 법
저자 최단시간외국어연구회 / 19,500

9087 취업 준비 대학생은 인생 자격증으로 공인중개사 시험에 도전하라
저자 자격증수험연구회 / 19,500

9088 고경력 은퇴자에게 공인중개사 시험을 강력 추천하는 이유와 방법론
저자 자격증수험연구회 / 19,500

9089 효율적인 4개 국어 학습법과 외국어 실력 올리는 방법
저자 최단시간외국어연구회 / 19,500

9090 여성들의 미래대안 공인중개사 시험 도전에 필요한 공부 가이드
저자 자격증수험연구회 / 19,500

9091 해외파견근무직원들이 이탈리아어 단어 빠르게 익히는 방법
저자 최단시간외국어연구회 / 19,500

9092 영어 귀가 뻥 뚫리는 리스닝 훈련법
저자 최단시간외국어연구회 / 19,500

9093 열성아빠를 위한 민사고 졸업생의 생활팁과 우수 공부비법
저자 교육연구회 / 19,500

9094 유초등 아이 키우는 열정할머니를 위한 민사고 생활팁과 공부가이드
저자 교육연구회 / 19,500

9095 심리상담사가 일본어를 쉽게 배울 수 있는 노하우와 팁
저자 최단시간외국어연구회 / 19,500

9096 법조인을 위한 들리는 소리에 집중하는 외국어 리스닝과 단어 훈련법
저자 최단시간외국어연구회 / 19,500

9097 관세사를 위한 문법 상관없이 받아 듣고 적는 외국어 학습법
저자 최단시간외국어연구회 / 19,500

9098 민사고에 진학할 똑똑한 중학생을 위한 민사고 공부팁과 인생 이야기
저자 교육연구회 / 19,500

9099 해외파견근무직원들을 위한 프랑스어 단어 쉽게 배우기
저자 최단시간외국어연구회 / 19,500

9100 해외파견근무직원들이 일본어를 쉽고 빠르게 공부하는 방법
저자 최단시간외국어연구회 / 19,500

9101 대학생들이 이탈리아어 단어 쉽고 빠르게 익히는 법
저자 최단시간외국어연구회 / 19,500

9102 뷰티 화장품 업계에서 알면 좋을 스페인어 단어 쉽게 익히기
저자 최단시간외국어연구회 / 19,500

9103 민사고 진학에 갈등을 느끼는 딸바보 아빠를 위한 인생 조언과 공부법
저자 교육연구회 / 19,500

9104 유튜버를 위한 영어 리스닝과 스피킹 실력 빠르게 올리는 법
저자 최단시간외국어연구회 / 19,500

9105 해외파견직들을 위한 문법 없이 어학 공부하는 방법
저자 최단시간외국어연구회 / 19,500

9106 변리사가 프랑스어 단어를 쉽고 빠르게 배우는 법
저자 최단시간외국어연구회 / 19,500

9107 법조인이 알면 좋을 중국어 스피드 습득법
저자 최단시간외국어연구회 / 19,500

9108 임용고시 합격하려면 고시 노장처럼 공부하지 마라
저자 임용고시연구회 / 19,500

9109 임용고시 합격을 위한 조언_ 공부로 생긴 스트레스 공부로 풀어라
저자 임용고시연구회 / 19,500

9110 가맹거래사 시험 법학에 자신이 없는 사람들이 꼭 봐야 할 합격법
저자 자격증수험연구회 / 19,500

9111 가맹거래사 책이 쉽게 이해되지 않는 사람들을 위한 수험전략 가이드
저자 자격증수험연구회 / 19,500

9112 항공 및 공항 업계에서 알면 좋을 이탈리아어 단어 효율 암기법
저자 최단시간외국어연구회 / 19,500

9113 은퇴자를 위한 외국인과 만나는 게 즐거운 영어 리스닝 방법
저자 최단시간외국어연구회 / 19,500

9114 항공과 공항업계인을 위한 일본어 듣기와 단어 청크 단위 학습법
저자 최단시간외국어연구회 / 19,500

9115 유튜버가 프랑스어 단어에 쉽게 접근하고 익히는 법
저자 최단시간외국어연구회 / 19,500

9116 대학생이 필요한 스페인어 청취를 빠르게 습득하는 법
저자 최단시간외국어연구회 / 19,500

9117 해외파견직들을 위한 스페인어 단어 스피드 학습법
저자 최단시간외국어연구회 / 19,500

9118 관세사를 위한 직청직해 소리단어장 다국어 훈련법
저자 최단시간외국어연구회 / 19,500

9119 경비지도사 처음 도전하는 사람들이 꼭 알아야 할 시험 접근법
저자 자격증수험연구회 / 19,500

9120 유튜버가 이탈리아어 단어 효율적으로 익히는 방법
저자 최단시간외국어연구회 / 19,500

9121 관세사가 빠르고 쉽게 일본어 실력 올리는 법
저자 최단시간외국어연구회 / 19,500

9122 영어가 부족한 법조인을 위한 리스닝과 스피킹 효율 학습법
저자 최단시간외국어연구회 / 19,500

9123 미용 뷰티업계에서 알면 좋을 일본어 쉽게 접근하는 법
저자 최단시간외국어연구회 / 19,500

9124 대학생을 위한 외국어 공부법_ 문법은 버리고 소리에 집중하자
저자 최단시간외국어연구회 / 19,500

9125 심리상담사가 스페인어 단어를 효율적으로 배우는 방법
저자 최단시간외국어연구회 / 19,500

9126 대학생을 위한 다양한 외국어 쉽게 접근하게 해주는 가이드
저자 최단시간외국어연구회 / 19,500